KB106520

오로라 타로카드

오로라 타로카드

발행일   2019년 4월 5일

지은이   유천
펴낸이   손형국
펴낸곳   (주)북랩
편집인   선일영   편집   오경진, 강대건, 최승헌, 최예은, 김경무
디자인   이현수, 김민하, 한수희, 김윤주, 허지혜   제작   박기성, 황동현, 구성우, 장홍석
마케팅   김회란, 박진관, 조하라
출판등록 2004. 12. 1(제2012-000051호)
주소   서울시 금천구 가산디지털 1로 168, 우림라이온스밸리 B동 B113, 114호
홈페이지   www.book.co.kr
전화번호   (02)2026-5777   팩스   (02)2026-5747

ISBN   979-11-6299-603-4 03180 (종이책)   979-11-6299-604-1 05180 (전자책)

잘못된 책은 구입한 곳에서 교환해드립니다.
이 책은 저작권법에 따라 보호받는 저작물이므로 무단 전재와 복제를 금합니다.

이 도서의 국립중앙도서관 출판예정도서목록(CIP)은 서지정보유통지원시스템 홈페이지(http://seoji.nl.go.kr)와
국가자료공동목록시스템(http://www.nl.go.kr/kolisnet)에서 이용하실 수 있습니다.
(CIP제어번호: CIP2019012449)

(주)북랩 성공출판의 파트너

북랩 홈페이지와 패밀리 사이트에서 다양한 출판 솔루션을 만나 보세요!

홈페이지 book.co.kr   •   **블로그** blog.naver.com/essaybook   •   **원고모집** book@book.co.kr

오로라 타로카드

9개의 색과 도형으로 풀어내는 인생 이야기

유천 지음

북랩 book Lab

contents

제1부
오로라 타로카드는 당신의 이야기입니다 - 심리·이론 편

들어가는 말 -1부- · 11

    I. 서론 · 16

    II. 컬러 테라피 · 24

    III. 색과 마음 · 29

    IV. 차크라 · 38

    V. 컬러 심리학 · 47

    VI. 색채론 · 66

    VII. 도형 심리학 · 77

    VIII. 색채 심리학 · 82

    IX. 오로라 컬러 경우의 수와 통변 · 96

    X. Annear, 9, Grammos, 구궁, 도형 · 122

    XI. 결론 · 176

참고문헌 · 177

제2부
오로라 타로카드는 당신의 이야기입니다 - **심리·실습 편**

들어가는 말 -2부- · 180
   I. Tarot Reflection Reading (T R R) · 181
   II. 응용·이론편 · 194
   III. Annear, 9, Grammos, 도형 · 209
부록. 오로라 카드 · 221

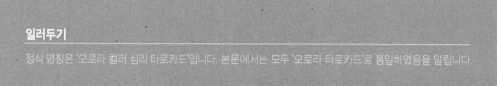

일러두기

정식 명칭은 '오로라 컬러 심리 타로카드'입니다. 본문에서는 모두 '오로라 타로카드'로 통일하였음을 알립니다.

긍정의 에너지는 미래를 바꿀 수 있습니다

I Can Do It
You Can Do It

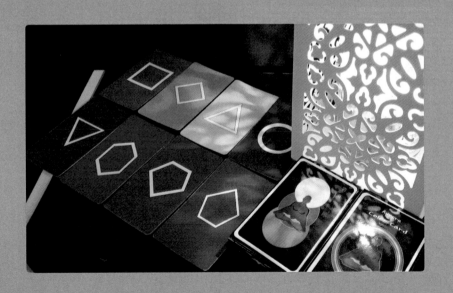

1부

오로라 타로카드는
당신의 이야기입니다

- 심리·이론편 -

나에겐 악운이란 없다.

들어가는 말
- 1부-

현대인의 목표는 행복한 삶을 지향하는 것입니다.

누군가가 "당신의 행복은 무엇입니까?"라는 질문을 던진다면 우리는 곧 행복에 대해서 생각하게 될 것입니다. 행복은 각자가 추구하는 삶의 지향점이자 목표입니다. 사람은 목표가 정해지면 목표를 향해 달려가려는 의지가 생기게 되고, 나름의 계획도 잘 세울 것입니다. 이에 필자는 질문의 답을 물질적인 풍요와 정신적인 풍요에서 나누어 찾을 수 있지 않을까 하고 생각합니다. 그때 '물질적 풍요는 재물에서 찾을 수 있다고 한다면, 정신적 풍요는 어떻게 찾을 수 있는 것일까?'라는 의문이 들었습니다. 왜냐하면 사람들의 겉모습은 비슷해 보여도 속마음은 알 수가 없기 때문입니다. "열 길 물속은 알아도 한 길 사람 속은 알 수가 없다."라는 이 속담은 사람의 심리적 속성을 잘 나타낸 말인데, 평상시 알 수 없었던 성격 등이 특정한 환경이나 상황에서 표출되기 때문일 것입니다.

현재를 살아가는 우리들은 빠르게 발전하는 현대사회의 일원인 동시에 도시인이라 불립니다. 현재 상황에 게을러지지 않고 항상 선의의 긴장감을 형성하며 열정으로 가득한 삶을 강요받으며 살아갑니다. 하지만 우리들의 주위에는 이런 부류의 친구들만 있는 것은 아닙니다. 삶에 대한 열정과 의욕이 강한 친구가 있는 반면, 나약하고 게으른 친구들도 있습니다. 필자 또한 후자에 속하는데, 때로는 오늘 할 일을 내일로 미루기도 하면서 정신적 압박과 스트레스가 많다고 자신을 합리화하며 멍하게 있기도 합니다. '너무 예민해서일까?'라고 생각하다가도 주위를 살펴보면 일하는 것이 스트레스일 때가 많기 때문입니다. 그렇다면 스트레스란 과연 무엇일까요? 간단하게는 억압감이나 압박감으로 정리할 수 있을 것입니다.

오로라 타로카드는 억압감이나 압박감이 어느 정도인지를 알 수 있는 프로그램의 타로카드입니다. 취향(하고 싶은 마음이 생기는 방향)과 성향(성질에 따른 경향)이 어떤지를 냉정하게 살피고, 업무에서 스타트가 강한지 약한지를 살피며, 업무의 마무리가 강한지 약한지를 살펴서 파악할 수 있습니다. 막연히 '난 이런 사람이야.'라고 성급히 단정한다면 장점보다는 단점이 더욱 부각될 수 있습니다. 그러므로 다른 사람을 상대할 때 감정에 치우치지 않고 냉정하게 생각하여 심리를 파악한다면, 나 자신과 상대의 비교가 한결 쉬워져서 쉽게 분석·파악할 수 있습니다. 따라서 오로라 타로카드를 통하면 최소한 나의 마음은 다치지 않으면서 상대의 마음을 파악해 쌍방 커뮤니케이션을 잘 할 수 있다고 필자는 생각합니다.

나의 스타일 리스트

오로라 카드	나	A. 나의 사랑	B. 상대가 나를 생각하는 모습
장점			
단점			
취향			
성향			
스타트 (강·약)			
마무리 (강·약)			
동적			
정적			
기타			

나의 심리와 상대의 심리는 TRR 기법으로 보기로 합니다.

정적인 사람은 동적인 사람에 비해 활동력은 뒤처지겠지만 꼼꼼하고 치밀하며 완벽주의적인 성향이 많습니다. 하지만 게으르게 보일 수 있는데, 생각은 많이 하지만 표현이나 동작은 다소 늦기 때문일 것입니다.

정적인 사람의 형태는 평상시에는 말이 없고 보호본능을 자극합니다. 지적이며 아이큐가 높고 두뇌가 영특하며 생각이 많아 사색하는 힘이 큽니다. 가끔 동적인 두뇌형과 동적인 장 에너지형들이 만나 커뮤니케이션에서 부조화를 이루는데 단순히 '코드가 맞다.'가 연인으로 이어지기 어려운 이유입니다. 주장이 너무 강하면 '배가 산으로 간다.'라는 말이 연상되죠.

정적인 두뇌 에너지의 사람은 말하기보다는 듣는 사람이 많습니다. 동적인 장 에너지 사람은 자만심과 똑똑함을 과시해서 가끔 은둔형 외톨이를 자처합니다. 왕따가 되기도 하고요.

정적인 두뇌 에너지의 사람은 스마트 형이라 스타트에서는 다소 늦고 마무리 조의 형태를 띱니다. '끈기가 있어서 마무리조이다.'라고 할 수 있죠.

동적인 사람은 정적인 사람에 비해 활동력이 왕성하며, 추진력이 있고 표현력이 뛰어납니다. 그리고 외형적이며 능동적입니다. 에너지가 넘쳐 맡은 일을 잘 해나가는 추진력이 뛰어납니다. 하지만 조심성보다는 파이팅이 넘쳐 일을 크게 만들 수 있습니다.

동적인 사람은 스타트 에너지가 많아 앞서 나갑니다. 자신이 동적이라고 정의를 내렸다면 상대편을 만날 때 정적으로 접근하는 게 좋은지 아니면 동적으로 접근하는 게 좋은지 먼저 파악하고 상대방과 조율해서 행동하셔야 합니다.

동적인 사람은 칭찬에 약합니다. 상대방을 칭찬하면서 접근하시면 유리한 고지에서 상대와 대화를 할 수 있을 것입니다.

오로라 타로카드는 2,000년대 초 국내에 컬러 테라피(Color Therapy : 색채치료) 열풍이 한참 불고 있던 시점에 필자가 내담자에게 질문하지 않고 상대를 단숨에 파악하고 싶어서 컬러 테라피의 프로그램과 도형 심리를 응용해 만든 심리 컬러 카드의 후기 모델입니다. 타로 상담 심리도구로 만든 오로라 타로카드는 색채심리와 도형의 메커니즘, 인도 요가의 차크라, 구궁(九宮) 수(數)와 변괘법 등을 응용한 멀티 프로그램의 타로카드입니다.

I. 서론

　오로라 타로카드는 채도와 명도의 조화와 도형의 메커니즘을 이용해서 내담자의 심리적 행위를 무의식에서 의식의 세계로 끌어내 볼 수 있는 도구이자 매개체이다. 오로라 타로카드라는 도구를 통해 초월적 심리를 리딩해 주는 방식으로 운용하는 프로그램이다.

　오로라 타로카드는 심리학의 한 방편으로 여러 가지 분야로 나누어 볼 수 있다. 선과 명상, 요가, 뮤직, 타로, 만다라, 기타 등 사회가 복잡 다양해지면서 도시(City)는 빠르게 발전하고 비약적 성장으로 변하는 과정에 생성되는 스트레스를 체크하며 발산시킬 수 있는 한 방편의 도구이다. 간단하면서 빠르고 부담 없이 심리 파악을 할 수 있는 정확한 기법의 도구가 필요해서 초월 심리학의 명상과 선의 개념에 컬러 테라피 프로그램의 도구를 응용해서 오로라 타로카드가 만들어졌다.

　오로라 타로카드는 크게 채도 카드와 명도 카드로 구분할 수 있다. 먼저 명도 타로카드는 흰색에서 검정으로 넘어가는 명도 11단계를 기초로 해서 만들었다. 명도 타로카드는 전통 한국의 은은한 색감과 옥색의 비취색이란 도자기에서 영감을 얻어 은은하면서 무채색을 좋아하는 한국의 정서와 정신세계를 카드에 실었다. 채도 카드는 색채의 선명도를 중심으로 만들어졌다.

　우선 채도 카드를 위주로 설명해 보겠다. 테이블 위에 9장의 카드를 펼친다. 무지개색인 빨강, 주황, 노랑, 초록, 청록, 청색, 보라, 마젠트, 핑크색 9장의 스프레드 중 색상인 채도와 도형을 중심으로 먼저 한 장을 뽑는다. 이 한 장의 카드는 퍼스트(First)나 에이스(Ace)가 된다. 처음이란 '두려움과 시작의 진지함'이란 의미가 겹치는 행복감이다. 심리에 모든 것을 함축한다는 뜻이 카드에 숨겨져 있다.

첫 번째 카드는 무슨 뜻일까. 전생의 인연이 깊은 카드라는 걸 알 수 있을 것이다. 일명 DNA 카드이다. 색채심리와 도형심리 카드는 매번 순간마다 끌리는 느낌으로 한 장을 선택해서 뽑는다.

이제 8장이 남았다. 두 번째 카드를 남은 8장 중에서 생각하며 또 한 장의 카드를 뽑는다. 이제 7장 남았다. 우연찮게 뽑았든 고의적이든 이 한 장의 카드는 현재 본인의 상황을 나타내는 인연으로 뽑은 카드이다. 처음은 항상 서툴 수가 있음이다. 어리석음의 뜻도 포함하고 있다.

두 번째 뽑은 현재 카드는 우리의 마음이니 70 - 80% 정도의 비중으로 읽어 준다.

자, 이제 마지막 카드이자 세 번째 카드는 가장 가까운 미래를 나타나는 카드이다. 사실 카드는 마음의 심리다. 읽는 사람이 아는 만큼 카드의 답을 제시해 준다. 한마디로 운전대를 쥐고 있는 사람은 오너다. 읽는 사람이 제대로 못 읽으면 엉뚱한 방향으로 달려간다. 처음에는 가볍게 그냥 보이는 대로, 아는 대로 읽어 준다. 미래의 내용은 상대인 내담자가 더 잘 알고 있을 것이다. 그래서 과대포장하지 말고 있는 그대로 편하게 읽어주면 된다. 20년 이상 상담을 해오면서 현장에서 느낀 점과 이론에서 느낀 점은 많이 달랐다.

이제 세 번째의 카드를 뽑아야 한다. 남은 7장 중에서 한 장의 카드를 생각하면서 또다시 뽑는다. 이제 6장의 카드가 최종적으로 남는다. 수고하셨다. 이 세 번째 카드는 현재의 상황에 가장 가까운 미래를 나타내는 카드이다. 색채가 맘에 들어서 뽑았든지 도형이 맘에 들어서 뽑았든지 우연찮게 뽑았든지 애쓰셨다.

이제 내담자의 심리를 우린 알 수 있다. 자, 기분 좋게 리딩해 보자.

1. 오로라 컬러 개요

색채란 광원으로부터 나오는 광선이 물체에 비추어 반사, 분해, 굴절, 투과, 흡수되고 안구의 망막과 여기에 따르는 신경에 자극을 일으킴으로써 감각되는 현상이다. 즉 우리는 각자 보고 싶은 것 내지 보이는 화려한 모습만 보고 산다.

화려한 도시(City)를 양(陽)이라고 비유한다면 반대로 도시인들의 삶은 음(陰)으로 표현할 수 있다.

서양의 색을 무지개색으로, 채도가 높은 순색인 화려한 색상을 이야기하여 표현한다면 양(陽)이고, 보색대비로 동양의 색상은 명도라 표현하여 음(陰)이라 할 수 있다.

사람은 동적인 사람이 있으면 정적인 사람이 있다. 동적인 사람이 양(陽)이라면, 정적인 사람은 음(陰)으로 표현할 수 있다.

動이 극에 달하면 靜하고, 靜이 극에 달하면 다시 動해서 한번 動하고 한번 靜함이 서로 그 뿌리가 됨은 천명이 유행하여 그치지 않는 것이요, 動하여 陽을 낳고 靜하여 陰을 낳아 陰으로 나뉘고 陽으로 나뉨에 양의가 확립됨은 분수가 일정하여 바뀌지 않는 것이다.

『근사록』 주희

동양의 대표적인 중화사상을 색으로 표현하면 어떤 색일까? 동양에서는 중화(中和)의 사상을 토(土)로 표현한다. 때문에 노란색으로 표현할 수 있을 것이다.

양(陽)이 과하면 음(陰)이 되고, 음(陰)이 과하면 양(陽)이 된다. 물론 그 중간의 매개체인 중용과 중화는 동양의 매력적인 철학 용어이다. 음(陰)과 양(陽)은 고정되어 있지 않은 이론이다. 항시 변화하기 때문이다. 명도의 장점은 흰색에서 검정색까지 11단계로 나누듯 자연스럽다는 것이다. 은은한 색이다. 소묘나 동양화를 잘하는 친구들은 명도대비를 자유자재로 구사한다.

반면 서양화의 색상은 밝고 강렬한 채도의 향연이라고 말할 수 있다. 동양화는 일필로 그리며 서양화는 인고의 시간으로 그리는 화풍이다.
채도의 '채'는 '컬러'란 뜻이다. 채도가 높으면 '컬러플하다.', '선명하다.'라고 표현한다. 채도가 낮으면 색이 전혀 없는 하양, 검정, 회색의 무채색이 된다. 채도가 높을수록 색은 강하고 낮을수록 약하다. 채도가 가장 높은 색을 순색이라 하며, 여기에 무채색 섞는 비율에 따라 채도가 낮아진다.
색은 크게 유채색과 무채색으로 나눈다. 색조 톤은 명도와 채도의 개념을 하나로 합쳐 색의 명암이나 강약 또는 농담 등을 표현하는 방법이다. 톤의 분류에서는 화려함, 밝음, 수수함, 어두움으로 크게 분류하여 세분화할 수 있다. 순색, 탁색, 어두운 탁색 등으로 표시한다.
무채색이란 용어를 살펴보면 흰색, 회색, 검정색으로 색이 없는 색을 말한다. 무채색은 채도가 0인 색상(Hue)을 갖지 못한 색(Color)이라는 뜻이다. 색의 3 속성 중 명도만을 가지며 가장 밝은색은 흰색, 가장 어두운색은 검은색, 그 사이에 있는 색은 회색이다. 필자는 명상의 상태를 채도와 명도대비에 가끔 비유해서 사용하기도 한다.

2. 오로라 컬러 구성

오로라 타로카드는 채도 카드와 명도 카드로 구분되어 있다. 구성은 빨강색 계열(4종), 주황색 계열(4종), 노란색 계열(4종), 녹색 계열(4종), 초록색 계열(4종), 청록색 계열(4종), 파랑색 계열(4종), 보라색 계열(4종), 마젠트색 계열(4종), 갈색(1종), 핑크색(1종), 흰색(1종), 회색(1종), 검정색(1종)이다.

이론은 음양오행의 동양사상과 팔괘의 구궁법, 구성학의 마방진을 응용해서 꽃이 필 때의 밝은색, 꽃이 질 때의 어두운색을 음(陰)과 양(陽)으로 구분했다.

1) 오로라 타로카드를 구성, 마방진 도표에 맞게 스프레드 했다.

가) 가슴(마음) 형   2 - 3 - 4

나) 머리(두뇌) 형   5 - 6 - 7

다) 장(에너지) 형   8 - 9 - 1

巳	午	未	申
II 조력자	VII 열정가	IX 조정자	
I 개혁가	III 성취자	V 탐구자	
VI 충실한 사람	VIII 도전자	IV 개인주의자	
寅	丑	子	亥

① 빨간색	(+) 베이스 차크라,	장 에너지(개혁가)
② 주황색	(+) 비장 차크라,	가슴 에너지(조력자)
③ 노란색	(+) 명치 차크라,	가슴 에너지(성취자)
⑧ 마젠트색	(+) 정수리 차크라,	장 에너지(도전자)
⑨ 핑크색	(+) 깨달음 차크라,	장 에너지(조정자)
④ 초록색	(-) 심장 차크라,	가슴 에너지(개인주의자)
⑤ 청록색	(-) 흉선 차크라,	두뇌형(탐구자)
⑥ 청색	(-) 갑상선 차크라,	두뇌형(충실한 사람)
⑦ 보라색	(-) 제3의 눈 차크라,	두뇌형(열정가)

2) 오로라 컬러 심리 4가지 성향과 8종류(陰·陽), 8성격(陰·陽)

빛의 에너지는 통일성과 유사성, 균형과 조화가 필수이다. 열기의 핵심을 빨간색(수소의 스펙트럼), 노란색(밝음의 핵심), 파란색(산소의 스펙트럼)으로 구분하듯 상대편이 나를 정적인 아군으로 보는지 동적인 적군으로 보는지를 먼저 파악하는 방법을 배워보기로 하자. 인문학적 표현보다는 현실적 표현으로 접근해보자.

가) 4원소(성향)와 8종류(陰·陽) 구분법

남(男)자와 여(女)자를 4가지 성향(4원소)와 8종류(陰·陽), (4원소의 +, -), 8성격(陰·陽), 취향(하고 싶은 마음이 생기는 방향)과 성향(성질에 따른 경향)으로 비유해서 구분해 보겠다.

① 시베리안 허스키(陰·陽) 마젠트, 보라, 빨강
　　A. 사납다. 크다. 무섭다. 말 그대로 짐승이다. 제어할 용기가 안
　　난다. 아니 보는 순간에 제어를 할 생각 자체가 없어진다. 용기
　　가 없어진다.
　　B. 하지만 의외로 순할 수도 있다.

② 진돗개(陰·陽) 청색
    A. 인간에게 충성하지만 용맹스럽다. 잘 안 짖는다.
    B. 집 밖(外)에서 생활하고 활동한다.

③ 애완견 내지 발바리(陰·陽) 주황색, 노랑
    A. 항시 짖는다. 산만하다.
    B. 집안과 집 밖에서 활동한다.

④ 티(T)컵 강아지(陰·陽) 초록, 청록색
    A. 애교가 많다. 복종한다.
    B. 주인의 가슴 안(內)에서 사랑받는다.

진돗개의 특징은 집 안(內)을 보지 못해서인지 집 안에 들어가는 손님에게는 잘 짖지 않으나 나가는(外) 외부 손님에게는 항시 짖는다는 것이다. 주인에게 물건이나 위험을 알리는 경고일 수도 있다. 조심하라는 뜻일 것이다. 물론 예외인 똥개도 가끔 있다.

애완견의 특징은 찾아오는 낯선 손님에게 무조건 짖는다는 것이다. 아마 낯선 환경에 대한 두려움 때문에 겁을 먹고 민감한 반응하는 것일 것이다. 안정될 때까지 짖는다. 진돗개는 한번 물면 끝까지 문다. 끈기가 있다. 애완견은 물긴 하지만, 겁을 먹은 채 물어서인지 눈치를 보면서 문다. 약하다.

티(T)컵 강아지의 특징은 주인의 가슴에 안기며 애교와 사랑받는 짓만 한다는 것이다. 애교꾼이다. 앙증맞다.

우리는 항상 의도하지 않은 새로운 환경에서 사람을 만날 수 있고, 불가분하게 인연을 맺어야 하는 상황에도 놓이게 된다.

이론적 방법에서 정해진 텍스트는 없다. 상황과 변화에 따라 응용하면서 변화할 뿐이다. 판단할 일이 있을 때 각각 이론이 달라져야 한다고 생각하는 마음이 필자의 오로라 컬러 심리 이론이다. 사람마다 개성과 자라온 환경으로 인한 인격형성이 다르다는 것을 인정한다면 말이다.

필자의 오로라 컬러 심리 이론은 쉽게 이해하기 위해 Dog(강아지) 이론을 차용하여 응용한다. 남자와 여자의 심리를 4가지 성향과 8종류(陰·陽), 8성격(陰·陽)으로 구분해야 하는 이유는 복잡 미묘한 심리가 있는 것 같기 때문이다. 예를 들어 남자나 여자의 성격이 미약하면 동성애자가 될 수 있지 않은가.

나) 이론적 판단방법

① 정성적 접근법(qualitative approach)
  인식론적 접근법(epistemological approach)

② 정량적 접근법(qualitative approach

③ 종합적 접근법(comprehensive approach)
  체험적 접근법(experiential approach)

II. 컬러 테라피

1. 컬러 테라피

컬러 테라피(색채치료, 色彩治療, Color Therapy)의 개념은 색의 에너지와 성질을 심리치료와 의학에 활용하는 '컬러(Color)'의 '색'과 '테라피(Therapy)'의 '치료'를 뜻하는 합성어이다. 컬러 테라피(Color Therapy:색채치료)의 동의어는 색채치료로 색채를 이용하여 인간의 신진대사 작용에 영향을 주고, 그것을 평가하는데 사용하는 방법이다. 또한 필요에 따라 선별하여 사용하면 자극과 생기, 완화와 진정의 목적으로 활용할 수 있고 심리적 역할을 하는 관리할 수 있는 방법이다. 색채의 자극은 시신경을 통해 대뇌에 전달되어 성장 조직으로 연결되므로 색채의 전달을 통해 정신적, 정서적, 신체적 안정을 얻을 수 있다.[1]

오로라 타로카드의 빨강을 예로 든다면, 빨강의 키워드는 정열이다. 에너지의 집합체이다. 반대로 보색인 청록은 빨강의 에너지를 분산시킨다.

1) 천(天)
눈썹위에서 머리끝

2) 인(人)
코끝에서 눈썹

3) 지(地)
턱 끝에서 코끝

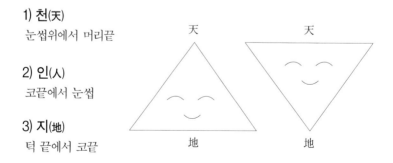

---

1) 박영선, 『색채용어사전』, 예림, 2007, p99, p180.

① 원형(초록색)

② 타원형(초록색)

③ 삼각형(노란, 청록색)

④ 사각형(빨간색)

⑤ 정사각형(빨간색)

⑥ 직사각형(청색)

⑦ 사다리형: 2가지 이상 복합형

관상학에서도 도형 심리학을 찾아볼 수 있다.

목형, 화형, 토형, 금형, 수형의 오행론으로 얼굴의 형태를 찾아볼 수 있다.

2. 컬러 테라피 개념

컬러 테라피(Color Therapy : 색채치료)는 컬러의 물리적·심리적 속성을 이용하는 치료요법이다. 특정한 컬러가 가진 고유의 물리적 파동이 시각적 자극을 통해 중추 신경계를 활성화시킴으로써 심리적 안정과 육체적 건강이 조화를 이루도록 신체를 관리하는 것이다.

1) 컬러의 메시지
고대 마야 문명은 태양 신앙이다.
태양 신앙과 결부되는 고대의 빨강.
피는 태양신의 음료이며, 심장은 음식이다.
색은 신의 메시지이며 동시에 신에게 기도를 올리는 통로이다.
마야, 아즈텍 사람에게 있어서 색은 방위를 나타내는 상징이다.
동서남북 각각의 신이 정해져 있으며 빨강, 검정, 노랑, 흰색 등으로 표시하고 있었다. 그리고 세계의 중심은 녹색이었다.
빨강은 태양이 올라가는 방위를 나타내는 것이다.
빨강은 사랑이나 행운, 노랑은 경제, 초록은 건강을 뜻한다.

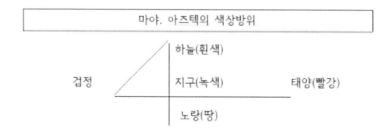

2) 인도의 신분제도

사랑의 축제가 색채의 재전이기도 한 것은 인도에서는 더욱더 의미가 깊다.

인도의 신분제도를 나타내는 '바로나'라는 말이 있다.

이 말은 '색'을 의미하는 산스크리트어라고 한다.

마치 색채에 의해 신분이 색깔로 구분돼 왔던 것이다.

사실 색은 계급의 기호이기도 하며, 높은 지위의 브라만(Brahman)이 흰색, 다음의 크샤트리아(Kshatriya)가 빨강, 바이샤(Vaisya)가 노랑, 수드라(Sudra)가 검정으로 정해져 있다.

3. 컬러 테라피 원리

자기실현을 넘어서 우주에 중심을 두고, 인간의 경험을 정신적·영적인 측면으로 새롭게 인식하려는 초월 심리학(Transper Sonal Psychology)의 기법으로는 선, 요가, 사이코신테시스, 기수련, 뮤직, 타로, 만다라, 아유르베다, 컬러테라피 등이 있다. 종래의 심리학과 다른 점은 건강과 행복, 그리고 인간 의식의 계층 구조를 새롭게 인식하며, 몸·마음·영성까지 통합한 전체적인 관점에서 접근하고 있다는 점이다.[2]

오로라 타로카드는 초월 심리학인 컬러 테라피의 일종으로 몸·마음·영성까지를 통합한 전체적인 관점에서 접근하고 있는 트랜스퍼스널 상담에서의 새로운 도구로서 충분한 가치가 있다고 할 수 있다.

컬러 테라피의 치유 메커니즘에 대한 과학적 뒷받침이나 이론적 체계에 대한 연구로 오로라 타로카드의 이론적 체계에 대한 연구 활용법을 이 책에 소개하겠다. 효과에 대한 신뢰성과 타당성에 대한 의문이 제기될 수 있다. 하지만 오로라 타로카드의 이론적 체계에 대한 연구 활용법은 5년에 걸쳐 1일 3회 이상, 9,125명 이상의 대상에게 연구한 결과이다.

---

2) 이순자, 「구르지에프, 베어 및 리소의 에니어 그램 비교」, 창원대학교 박사학위 논문, 2004.

Ⅲ. 색과 마음

색이란 마음의 언어이다.

색채는 구원을 의미한다.

색으로 표현되는 '무의식'을 아이들의 그림에서 찾는다면,

노란색 '무의식'은 행복하며 적극적인 아이이며,

보라색 '무의식'은 침체되고 우울한 기분을 가진 불행한 아이이다.

아이들은 선입견이 적은 만큼, 아이들이 선택한 색은 감정을 직접적으로 반영하게 된다.

오렌지색 '무의식'은 상쾌한 기분을 돋우거나, 억압된 아이의 불안을 해소하는 효과 등에서 찾을 수 있다.

1. 색채심리

1) 빨간색의 심리(원초적인 외침)

인간은 어떤 때에 빨간색을 추구하는가? 인류가 최초로 의식한 색은 빨간색이었다. 빨강이 전하는 고대인의 마음은 생명력을 발산시키는 것이었다.

생명력이란 곧 빨간색이고, 삶을 고양시키는 기도라고 말할 수 있다.

2) 노란색의 심리(감추어진 혼에 빛을 비추다)

침실에 새겨진 행복의 이미지다. 빛이 강할수록 그로 인한 어둠도 깊고 날카롭다. 영화 「매디슨 카운티의 다리」에서 노랑의 이미지는 빛으

로 표현되어 따뜻하고 희망을 느끼게 해준다. 그러나 동시에 감추어져 있던 어둠을 파헤친다. 스스로를 드러내는 빛의 색으로 '외로움', '기쁨' 등 적나라한 인간 감정을 낱낱이 드러내고 싶은 욕구인지도 모르겠다. 일반적으로 '빛을 비추어 본다.'라는 것은 지금까지 감추어져 있던 사실을 인식하도록 만드는 것을 의미한다.

3) 초록색의 심리(감정의 안식을 추구하며)

초록색은 생명이 나타내는 감성, 또는 자연을 상징하는 색이다. 다도(차)에서 만나는 초록색의 느낌은 초록의 세계에 대한 이미지 트레이닝의 극치라고 말할 수 있다. 지상에 최초로 만들어진 색은 아마 초록색일 것이다. 이 색이 편안함을 느끼게 하는 것은 시대가 변해도 변하지 않는다. 생명력을 회복시키고 마음에 평안을 준다는 것은 초록색에 대해서 많은 사람이 가진 공통적인 이미지라고 할 수 있다.

초록색의 달인(화가 세잔)

초록색은 노란색과 파란색을 혼합한 중간색이다. 큐비즘(Cubism : 입체주의)에서는 부드러움과 엄격함의 색으로 표현된다. 색조 관계가 정확히 결정되어 있으면 조화는 스스로 완성되는 것이다. 초록색은 부드러움뿐만 아니고 늠름함과 엄격함을 감추고 있으며, 그 두 가지가 조화될 때 마음이 아름답게 보이는 것이다.

4) 파란색의 심리(상실과 재생의 마음)

파란색의 '거대한 파랑'을 그린 영화 「그랑블루」에 나오는 파랑 물결은 이 세상의 삶이 사라지고 영원한 영혼이 탄생하는 곳이다. 그 파랑이 자아내는 바다의 이미지. '파랑 물결이 보이지 않아요.'라는 아름다운 시적인 표현에서 물결의 이미지는 영원히 반복되는 삶과 죽음의 암시이며, 파란색은 삶과 죽음이 물결치고 있는 것이다. 파랑은 피안(彼岸)과 차안(此岸)의 상징으로 이 작품에서 나타내고 있다.

내가 파란색에 빠졌던 날들, 상실감을 치유하고 회복을 가져오는 파란색은 '상실감'과 '재생'을 상징한다.

피카소의 파랑은 우울의 거울이었다. 파란색은 내가 가둬둔 슬픔을 어떤 대답도 없이 반영해주는 거울이 되었던 것인지도 모르겠다.

물은 삶과 죽음을 초월하는 신화이기도 하다.

5) 보라색의 심리(고통을 치유의 힘으로 바꾼다)

빨간색의 '앙양(昂揚)'과 파란색의 '침체(沈滯)'를 모두 가진 보라색은 빨강으로 대표되는 감정인 앙양과 파랑으로 대표되는 감정인 침체를 융화시켜 균형을 잡으려는 욕구가 있지 않을까 하는 생각이다. 인간의 생명력이 바로 균형을 회복하려고 하는 중용의 성질을 가지고 있다. 보라색을 아름답게 느끼는 감각 그 자체에 회복하려고 하는 생명력이 나타나 있는 것이다.

미와야끼 히로 씨의 「보라색이 이력서」에서 보듯 보라색은 동서양을 막론하고 고귀한 색이다. 지배계급의 심볼로 여겨져 왔다. 애증의 마음이 융화된 치유의 색이며, 보라는 빨강과 파랑, 양(陽)과 음(陰)을 모두 가지고 있다.

보라색은 성별을 초월해 남성과 여성적 매력을 동시에 갖고 있으며, 사랑과 증오, 강함과 약함, 희망과 절망이기도 하다.

보라색이 고귀한 색이며 신비의 색으로 종교 등에서 사용되어 온 것은 이 색이 가진 이러한 음양을 융화시키는 성질이 영향력을 발휘하는 건 아닐까.

6) 분홍색의 심리(행복의 에너지)

분홍색은 행복을 이미지화하는 색이다. 불교에서 연꽃은 분홍색으로, 열반의 상징으로 표현된다. 여성 이미지와 분홍색은 자연=초록=건강, 물=빨강=에너지, 물=파랑=에너지와 같이 연관된다.

여성에게 바라는 이미지는 '따뜻함', '달콤함', '행복함'이다.

7) 무채색의 심리(마음에서 색이 사라질 때)

흰색은 처녀성의 상징이며, 흰색은 좋은 이미지로서 '순수(純粹)', '무구(無垢)', '청결(淸潔)'이라는 단어를 연상시킨다. '백지화한다.'라는 말처럼 흰색은 한마디로 말해서 어떤 감정도 지워버린 정신 상태와 만나는 것은 아닐까 한다.

2. 색채심리의 효과

1) 색과 문명

고대 마야에서부터 전해오는 색채기도에서 빨강은 사랑이나 행운, 노랑은 경제, 초록은 건강을 상징한다. 색은 메시지이며 동시에 신에게 기도를 올리는 통로이기도 하다. 태양 신앙과 결부되는 고대의 빨강은 태양 신앙이며, 피는 태양신의 음료, 심장은 음식이었다. 마야와 아즈텍에서 동서남북은 빨강, 검정, 노랑, 흰색 등으로 표시했고, 세계의 중심은 녹색이었다. 빨강은 태양이 올라가는 방위를 나타내는 것이고, 종교는 색의 치유효과를 알고 있었다.

이슬람권에서는 태양의 이미지, 힌두교에서 빨강색은 계급의 기호 중 하나로 브라만(Brahman)이 흰색, 크샤트리아(Kshatriya)가 빨강, 바이샤(Vaisya)가 노랑, 수드라(Sudra)가 검정이다.

2) 색채이론

색은 빛과 어둠 사이에 존재한다. 괴테는 색채가 빛과 어둠 사이, 밝음과 어두움 사이에 존재하고 있다고 생각했다. 아리스토텔레스도 '색은 빛과 어둠 사이에 존재하고 있다.'고 생각했다. 노란색이 더 빛에 가까운 색이며, 파란색이 더 어둠에 가까운 색으로 위치를 정했다. 괴테는 '눈은 자기 본래의 성질에 따라 전체성(全體性)을 추구한다.'는 시각의 법칙을 발견하고, 자기 자신의 내부에서 색상환을 완결하였다.

색을 보는 방법에는 지금도 수수께끼가 많다. 색채 정보의 수용에 대해서 말하자면 색에 반응하는 시각 세포 속 물질이 소비된 후 회복하는 시간이 필요한 것이다. 이를 '색순응'이라고 한다. 하나의 색만을 보고 있으면 저절로 그 색과는 반대되는 쪽에 위치하는 색을 불러일으키고 만다는 것이다. 색채 연출을 시도한 괴테의 소설 기법인 '노란색과 파란색'은 이론적인 축으로서의 두 가지 색이다. 여기서 빛의 상징과 어둠의 상징인 파란색은 죽음을 선택, 노란색은 죽음을 통해 성취되는 영원한 사랑을 상징하는 것으로 보아도 좋을까. '기쁨과 슬픔', 그리고 사랑 중 어떤 걸 선택해야 하나. 주황색을 선택하면 보색인 청색이 보인다.

3) 빛과 색

몸(건강) 상태의 변화에 따라 필요로 하는 색도 변화한다. 광선 치료의 원리는 건강 상태의 변화에 따라 인간이 필요로 하는 색도 바뀐다는 것이다. '보라', '초록', '노랑', '빨강' 등의 순으로 변화 건강할 때에는 따뜻한 색이 많이 보이며, 건강 상태가 저하돼 있을 때는 차가운 색계를 좋아하는 경향이 있는 것을 알게 되었다. 차가운 색계는 '정적'인 상태, 따뜻한 색계는 '동적'인 상태와 관련해 선택되기 쉽다.

왜 이 세상에 색채가 있을까. 우리들이 물체를 보고 색이라 느끼고 있는 것의 실체는 빛의 반사광이다. 태양광 속에는 빨강을 비롯하여 무지개의 일곱 가지색이 포함돼 있다. 빨간 튤립에서 무지개의 색광이 보이지 않는 이유는 튤립이 '빨강' 이외의 다른 색광을 흡수하는 성질을 갖고 있기 때문에 색이 보이지 않는 것이다. 검정은 태양광 속의 모든 색광을 흡수하는 성질을 갖고 있기 때문에 색이 보이지 않고, 초록색의 식물은 초록의 색광 이외의 색광을 전부 흡수해 초록색 빛만을 반사하고 있는 것이다.

모든 물체는 자신이 필요한 색광을 흡수하며, 필요하지 않는 색은 반사하고 있다. 인간의 피부색에도 이유가 있다. 남반구 등 태양열이 강한 지역에서는 열로부터 인체를 보호하기 위해 마치 보호막처럼 피부의 색이 검게 된다. 검은 멜라닌 색소가 열을 흡수하는 활동을 하고 있기 때문이다. 북반구처럼 태양광이 적은 지역에서는 될 수 있는 한 광선을 흡수하기 위하여 인간의 피부색은 희게 되는 것이다.

사람의 매력 또한 이러하다. 색광을 흡수하여 우주의 색이 전부 자기의 색이라고 주장하며, 개성을 표출하여 매력을 발산한다. 하지만 꽃이 피면 지듯이 개성과 매력 또한 생각보다 오래가지 못한다. 자칭 잘나간다고 자처하는 개성과 매력이 넘치고 있는 자들아, '시절인연(時節因緣)'이란 말을 항상 기억해 두면 실수가 없을 것이다.

3. 색채심리와 치료

1) 색채 치료
생활에 활용되는 색채심리란 스트레스 해소를 위한 테라피이다. 테라피(therapy)는 치료 의료의 바람직한 상태를 '치료(cure)에서 간호(care)로.'라는 방향이라 여기고 있다. 색채 치료는 낙서같이 마음껏 그리는 것을 통해 긴장 이완 효과를 낳는다.

2) 미술 치료
치유를 촉진하는 미술 치료란 경쟁 치료로서의 미술 치료로, 창조의 뇌인 전두엽이 활발하게 움직이고 기력에도 좋은 작용을 주는 것이다.

3) 어린이의 그림
그림 속에 나타나는 위험신호란 색이 치유를 가져온다는 메커니즘의 시각에서 보면 '파랑과 검정', '검정색 한 가지', '분홍색', '노란색의 파스텔 컬러' 등이 있다. 좌뇌(左腦)가 목적성을 우선하여 활동하는 것에 반해, 우뇌(右腦)는 쾌감을 우선 원칙으로 삼아 감정적인 에너지를 마음에 보낸다. 그리고 이것이 그림에서 쇼크를 발생시킨다. 따라서 트라우마(trauma)는 다시 말해 재해에 따른 정신적 후유증이라 할 수 있다.

4) 그림 그리기
마음의 노화 방지란 색이 이끌어내는 감정의 윤택함이다. 좌뇌(左腦)는 언어에 따라 기억을 기록하고 있고, 그 기억에 동반되는 감각이나 동정 등 생생한 실감을 느끼는 것은 우뇌(右腦)의 활동에 따른다. 감동은 도파민 분비를 촉진한다.
화가나 여성들은 풍부한 감정생활을 즐기고 있는 것이 특징이다. 생활 자체가 '그림 그리기'이다.

 한 가지 색만 고집하는 사람일수록 말이 없는 사람 과묵한 사람이다. 배색을 좋아하는 사람은 사교적인 경향을 띤다고 볼 수 있다.

Ⅳ. 차크라

산스크리트어에서 유래한 단어이다.
'불의 수레바퀴'라는 의미다.
요가와 명상에서 잘 쓰는 용어이다.

1. 베이스 차크라

뿌리 중추 또는 미저골의 중추에 위치해 있다.
   음부 사이에 위치하고 있으며 에너지를 받아들이는 곳이다. 하지만
무기력해 졌을 때는 몸 안의 기운이 빠져 나가는 곳이기도 하다.
   생명과 성 에너지를 관장한다.
   불같은 붉은색으로 빛난다.

   장점: 따뜻한 느낌을 준다.
   단점: 건강하지 못하면 꺼져가는 미약한 빛을 띤다.

   생명 에너지의 흐름을 주관한다.
   '장' 에너지 중심에 있다.

2. 비장 차크라

천골 차크라로 십자 중추, 척추 맨 끝 꼬리뼈에 위치한다.

베이스 차크라와 함께 성 에너지를 관장한다. 때문에 성 행위와 생명의 출산이라는 고귀한 창조와 연관된다.

타인과의 교류에서 자신을 제대로 표현하지 못한다. 이기적이고 교만하다. 호색적이거나 허영심이 있다. 타인을 불신한다. 남을 의식한다. 신분을 중시한다.

부신과 신장에 가까운 비장과 연결되어있다.

주로 오렌지색이나 주황색이다.

내면의 물 색깔이다.

　　장점: 부드러움과 자비로움이 있다.

　　단점: 질투나 환상에 시달린다.

신체의 에너지를 공급한다.

'가슴' 에너지 중심에 있다.

3. 명치 차크라

명치 차크라는 명치의 배꼽과 갈비뼈 아랫부분 사이에 위치에 있다. 배꼽 바로 뒤에 있는 척추 내벽으로 배꼽 중추부분이다.

육체에 뿌리를 둔 자아의 감정과 신체기능의 조절을 담당한다.

위장과 밀접한 관련이 있으며, 간장, 비장, 췌장 등 주요 내장 기관을 관장한다.

주로 노란색을 띤다. 여기서 노란빛은 지혜의 풍부함으로 황금빛이다.

장점: 의욕과 자신감이 보인다.
단점: 집중력이 저하되고 자신감이 없는 상태로 보인다.

자율신경계 활동에 관여한다.
'가슴' 에너지 중심에 있다.

4. 심장 차크라

심장 차크라는 가슴 중앙 부위, 심장 뒤의 등뼈 속에 있다. 가슴 차크라라고도 불리며 가슴의 중추부분이다.

명상, 심장, 폐, 횡경막 등을 조정하는 심장 신경총이다.

흉골의 움푹 들어간 곳에 있는 단중에 의식을 집중한다.

가슴 차크라는 녹색과 분홍색 그리고 때로는 금빛으로도 빛을 발산한다. 하지만 주로 초록색이다.

녹색은 치유와 교감 그리고 조화의 색이다. 그중에서 청록색은 흉선(혹은 가슴 샘)을 나타낸다.

남성과 여성이 이성과 감정 등 상반된 에너지의 조화를 이룬다.

장점: 이성과 감정에 균형이 잡혀 책임감, 당당함, 신뢰감을 준다.
단점: 불안과 초초함을 느끼게 된다.

몸의 에너지를 원활하게 확산시켜 준다.
'가슴' 에너지 중심에 있다.

5. 흉선 차크라

목 또는 목구멍 바로 뒤 척추인 경부, 신경총 안에 있다. 목의 아래쪽 앞부분이다. 차크라 반사지점은 목구멍 앞부분에 위치하면서 갑상선과 연결된다.

인후에 손가락을 대고 잠시 눌러준다. 손가락을 떼고 압박된 느낌에 의식을 계속 집중한다. 혀를 입천장에 대고 흉선 차크라를 통해 숨이 들어오고 나가는 것을 의식한다.

목구멍 차크라는 인간의 표현, 커뮤니케이션, 영감 능력의 중추이다.

목구멍 차크라의 원소는 에테르 흙(土), 물(水), 불(火), 공기(金)이다. 에티르는 흙(土), 물(水), 불(火), 공기(金) 원소와 같이 기본적인 요소로 여겨지며 소리와 모든 말, 신성한 창조의 말씀의 매개이기도 하다.

엷은 청색 빛이다. 흉선(가슴샘), 호르몬(티모신)을 분비하는데 관여하며, 호르몬은 인체의 면역 체계에 직접적인 영향력을 미친다.

신진대사와 평형을 조절하여 주는 역할이다.
'두뇌' 에너지 중심에 있다.

6. 갑상선 차크라

갑상선 차크라는 제3의 눈 의식이 성취되는 자리이다. 제3의 눈, 지혜의 눈, 내면의 눈, 명령 차크라라 말할 수 있으며, 존재의 의식적인 인식은 갑상선 차크라를 통해 일어난다. 높은 마음의 힘, 지적인 분별의 힘, 기억과 의지의 자리다.

남색, 또는 노란색이나 보라색이다. 기본적으로는 맑은 남색이지만 노란색과 보라색도 볼 수 있다.

다양한 의식 수준에서의 서로 다른 작용을 나타낸다. 이성적이거나 지적인 생각은 노란색 복사 에너지를 생산할 수 있는 반면, 맑은 남색은 직관과 전체론적인 인식을 암시한다. 초감각적인 인식은 보라색으로 나타난다.

'두뇌' 에너지 중심에 있다.

7. 제3의 눈 차크라

보라(뇌하수체) 뇌하수체와 연결되어있다. 뇌의 아래쪽에 위치한다.
완전한 조화와 통합을 의미한다.
육체적, 감정적, 정신적, 영적으로 통한다.
왕관 차크라는 머리중앙의 가장 높은 지점에 자리하고 있다.
최고의 인간 완성의 자리이며, 머리 위에 맴도는 것으로 종종 나타내
기도 한다. 무지개의 모든 색으로 빛나지만 지배적인 빛깔은 보라색이다.
보라색은 명상과 헌신의 빛깔이다. 보라색은 또한 흰색과 금색이다.

'두뇌' 에너지 중심에 있다.

8. 정수리 차크라

머리의 맨 윗부분에 있고 뇌와 송과선의 기능과 연결돼 있다.
다른 7개의 차크라들과 서로 연결되어 있다.
정수리 차크라가 균형이 깨지면 다른 부분에도 영향을 미치게 된다.
송과선은 피부의 색을 결정하는 물질인 멜라토닌 호르몬을 생성하
는 곳이다.

'장' 에너지 중심에 있다.

9. 깨달음 차크라

제9의 눈.

슈만공명(7.83)이란 우주와 교감하면서 우주의 에너지를 받아들이는 주파수를 말한다. 이 주파수 상태를 일정하게 유지하는 것이 천둥과 번개라고 한다.

예수, 부처: 1,000룩스
일반인: 200룩스 이하

이처럼 높은 의식 수준을 가진 한 사람이 낮은 의식수준을 가진 사람 몇 천만 명을 상쇄시킬 수 있다고 한다. 결국 깨달음에 근접한 뇌파가 아주 강력하다는 말이다.

'장'의 에너지 중심에 있다.

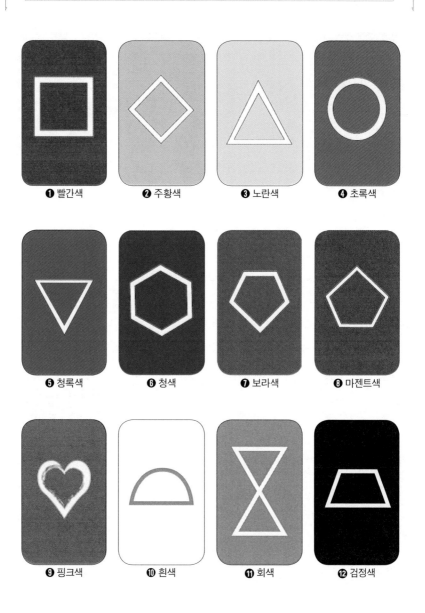

❶ 빨간색　　❷ 주황색　　❸ 노란색　　❹ 초록색

❺ 청록색　　❻ 청색　　❼ 보라색　　❽ 마젠트색

❾ 핑크색　　❿ 흰색　　⓫ 회색　　⓬ 검정색

1. 빨간색

빨강은 강렬한 색채 에너지가 담긴 색입니다. 신체에서는 장 에너지입니다. 태교 신기를 잘 받은 모습이며, 모유를 잘 수유 받은 모습입니다. 월등한 유전자, 반석(사물, 사상, 기틀 따위가 아주 견고함)이 잘 세워진 모습입니다.

정열과 열정을 나타내며, 적극성과 흥분 등을 상징하고, 으뜸, 안전, 최고, 기상, 사랑, 고지식함 등으로 인용되고 표현됩니다. 융통성은 없는 듯한 완벽주의자이며, 안전주의자이자, 열정적인 모습을 보입니다.

생명 에너지의 흐름을 주관합니다.

박스형: 부지런함의 대명사입니다.

장점: 체계적, 꼼꼼함, 분석적, 참을성, 완벽주의자, 인내심이 강함, 원숙한 삶, 안전성으로 대표되는 장점을 지니고 있습니다.

단점: 트집, 아집, 융통성 부족, 냉담, 변화거부, 불평, 깐깐함, 고집쟁이라는 단점을 지닙니다.

직업유형: 전문가 직업, 안정성 직업, 월급쟁이, 회계사, 공무원, 행정가, 사무직원, 교사 등의 직업에서 찾아볼 수 있습니다.

■ 고집불통 박스형

A형 스타일: 예측 가능한 세상, 변화의 다변성을 싫어합니다.

B형 스타일: 적재적소에 배치되는 것, 고정성을 선호합니다.

❶ 과거   ❷ 현재   ❸ 미래

❶ 첫 번째로 빨간색(전생, DNA)을 뽑았다면

   - 전생부터 이어져 내려온 우월한 에너지 열정, 정렬

❷ 두 번째로 빨간색(현재)을 뽑았다면

   - 현재 바빠짐, 열심히 일하는 모습(물론 학생은 공부)이다.

❸ 세 번째로 빨간색(가까운 미래)을 뽑았다면

   - 바빠질 것이 예측된다.

2. 주황색

　매력적인 화려함과 주목성이 높은 색입니다. 화려하지만 산만합니다. 난색이면서 흥분의 색입니다. 매력적인 끌림과 주목성이 높은 색입니다. 패스트 푸드점이나 놀이공원에서 시선을 빠르게 회전시키기 위해서 자주 사용하게 됩니다.

　주황은 변화와 기능 저하를 막아주고, 감정의 산만함과 자유로움, 인테리어 간판 색상으로 잘 표현되고 표출됩니다.

박스형:　멋을 아는 멋쟁이 색이며, 매력발산형입니다.

장점:　감정을 자유롭게 도와줍니다. 즉흥적이고 아이디어와 기획력이 좋습니다.

단점:　오래 지속하는 걸 싫어함, 반복적인 것을 싫어합니다. 단순하고 계속적인 일을 싫어합니다. 일관성이 없습니다. 싫은 일은 자꾸 미루며, 냉담합니다. 좀처럼 그 일에 관심이 없습니다. 불평합니다. 그만큼 개성이 강합니다. (B. J)

직업유형:　트럭 기사, 사무직원, 시행, 전문의, 은행원, 작가, 출판사, 편집자, 컴퓨터 프로그래머, 기획자, 엔터테이너 등의 직업에서 찾아볼 수 있습니다.

■ 박스형

A형: 감정을 조절할 수 있는 예측 가능한 세상에서 살고 싶어 합니다.

B형: 삶은 즐기기 위해 사는 것이라 생각하며, 멋을 즐길 줄 아는
사람입니다. 또한 옷 잘 입는 멋쟁이이기도 합니다.

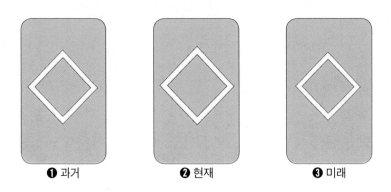

❶ 과거   ❷ 현재   ❸ 미래

❶ 첫 번째로 주황색(전생, DNA)을 뽑았다면
- 당신은 멋쟁이다. 매력적이며 새로운 것에 주저하지 않는다.
도전의식이 강하다.

❷ 두 번째로 주황색(현재)을 뽑았다면
- 바빠졌다. 산만하다. 하고 싶은 게 너무 많아 바쁘다. 불안함

❸ 세 번째로 주황색(가까운 미래)을 뽑았다면
- 바쁠 것이다. 차분하게 일을 마무리 하라. 미래의 불안함

3. 노란색

 - 감추어진 혼에 빛을 비추다.

　노란색은 유채색 중에서 명도와 채도가 가장 높은 색으로 명랑, 생동감, 즐거움 등의 느낌을 줍니다. 또한 가장 이상적인 노랑인 황금색은 황금, 돈 등을 상징하여 부와 권위, 풍요로움을 나타내기도 합니다.
　안전색채에서는 '주의'의 뜻을 가지고 있습니다. 노랑과 검정의 줄무늬로 된 색채는 명시도가 가장 높아 시각적 주목성이 높습니다. 주로 간판이나 광고물에서 쉽게 볼 수 있습니다.
　동양의 방위색에서 노랑은 중앙과 대지를 나타내고 있습니다.
　심리적으로 노랑은 자신감과 낙천적인 태도를 갖게 하며, 새로운 아이디어를 얻을 수 있게 도움을 줍니다.

삼각형:　경력과 지위를 상징합니다.

장점:　　리더십이 있습니다. 목표에 대한 집중력이 강하고, 결정력이 강하며, 진취적이고 경쟁심이 강합니다. 실리를 추구하며 활동력이 강합니다.

단점:　　자기중심적입니다. 지나치게 많은 일을 하며 독단적이고 지위를 중시하며 정치적입니다. 성급하며 저돌적입니다.

직업유형: 중역, 사업가, 매니저, 비서, 정치가, 병원 관리자, 사장, 학교 관리자, 육군 장교, 법률회사 파트너, 오케스트라 지휘자, 단체 조직위원장, 조종사 등의 직업에서 찾아볼 수 있습니다.

■ 성공지향 삼각형

A형: "신은 스스로 돕는 자를 돕는다."

B형: "바로 지금 하라."

❶ 과거   ❷ 현재   ❸ 미래

❶ 첫 번째로 노란색(전생, DNA)을 뽑았다면

  – 트라우마가 강할 수 있다. 과거의 억압에서 해방되지 않을
   수 있다.

❷ 두 번째로 노란색(현재)을 뽑았다면

  – 리드하고 싶은 일이 많다. 앞서 나갈 일이 많다.

❸ 세 번째로 노란색(가까운 미래)을 뽑았다면

  – 성취할 수 있다. 명예의 성공

4. 초록색

　감정의 안식을 추구합니다. 노랑과 파랑의 혼합색인 초록색은 온도감에서 중성색에 속하므로 강력한 느낌보다는 중성적인 느낌을 전달하게 되며, 가장 친근한 색으로 전개될 수 있습니다.

　안전한 색으로 인식되며 안전과 진행 및 구급, 구호의 뜻을 가집니다. 이 때문에 대피 장소와 방향, 비상구, 구급상자, 보호 기구 상자, 구호소 등의 표지판으로 주로 활용되고 있습니다.

　심리적으로 초록은 스트레스와 격한 감정을 차분하게 도와주며, 균형을 잡아주는 역할을 합니다.

원형:	주로 연인과 평화의 뜻이 있습니다.
장점:	다정하며, 설득력 있고, 남을 잘 배려하며, 정이 많고, 관대합니다. 안정적이고 사려가 깊습니다.
단점:	지나치게 사적이고, 감성적이며, 개인주의자이고, 교묘하고, 수다스럽고, 자기 비판적입니다. 정치에 무관심하며, 우유부단하고, 게으름을 피웁니다.
직업유형:	비서, 상담자·정신건강 전문가, 간호사·의사, 주부, 교사·트레이너, 인력 양성 전문가, 교수·컨설턴트, 인사 관리 분석자, 판매원, 수녀, 보이·걸 스카우트 대표, 웨이트리스·점원, 사학자, 캠프 상담자, 점성가 등의 직업에서 찾아볼 수 있습니다.

■ 다정다감 원형

A형: "사람들이 원하는 대로 해주자."

B형: "우리 모두가 서로 사랑하기만 한다면 더 살기 좋은 세상이
       될 것이다."

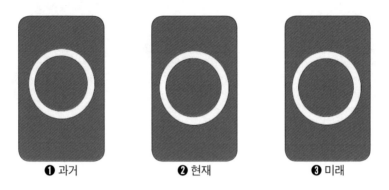

❶ 과거   ❷ 현재   ❸ 미래

❶ 첫 번째로 초록색(전생, DNA)을 뽑았다면
   - 게으르다. 안정되다. 평화주의자. 속을 알 수 없다.

❷ 두 번째로 초록색(현재)을 뽑았다면
   - 안정인 모습 도전의식이 없다.

❸ 세 번째로 초록색(가까운 미래)을 뽑았다면
   - 편안하다. 운이 기울 수 있다. 안정내지 후퇴

5. 청록색

남색은 파랑계통의 느낌을 가지면서도 좀 더 깊고, 차가운 물을 연상케 합니다. 신경계통과 눈의 피로 회복에 주로 사용됩니다. 심리적으로 정신병 치료에 효과적이며, 두려움을 해소 시키는 진정제 역할도 하게 됩니다. 녹색과 청색의 중간점에 위치합니다.

어디에도 속하지 않는 중간자의 입장입니다. 눈치코치(뒤로 물러서서 개입하기 싫은 모습)의 모습입니다. 두뇌형이자 전략·전술형입니다. 사물을 바라볼 때 방관자의 입장에서 항상 한 발 물러나서 이성적 판단으로 지켜보는 모습입니다. 개입하려는 의지가 전혀 없습니다. 약간 정신계에 문제가 있을 수도 있습니다.

느낌(feel)이 좋습니다. 과학자나 연구원 아이큐가 높은 직종을 선호합니다. 영적인 직업 종사자도 많습니다.

■ 주위를 생각하는 소극적인 역 삼각형

A형: "누군가가 할 것이다. 나서지 말자."

B형: "주위를 살펴라. 누가 하는지 살펴보자."

❶ 과거   ❷ 현재   ❸ 미래

❶ 첫 번째로 청록색(전생, DNA)을 뽑았다면
 - 두뇌가 좋다. 눈치를 본다. 속을 알 수 없다.

❷ 두 번째로 청록색(현재)을 뽑았다면
 - 눈치백단, 모종의 꾸밈, 두뇌형, 알 수 없는 사람

❸ 세 번째로 청록색(가까운 미래)을 뽑았다면
 - 운의 정체, 하락장, 운의 하강

6. 청색

상실과 재생의 마음입니다. 깊은 바다의 모습입니다. 정서적 안정감을 추구합니다. 속을 쉽게 내보이지 않고, 감정의 표현과 표출하지 않습니다. 소심하면서 정적이고, 이성의 소유자입니다. 파란색은 전 세계적으로 기호도가 가장 높은 색으로 상쾌함, 신선함, 물, 차가움 등을 나타냅니다. 또한 냉정함과 신비로움을 느끼게 합니다.

청색은 한색의 대표적인 색으로 차가운 느낌과 진정 효과를 보게 되므로, 심신의 회복력을 증진시키며 신경계통의 색으로도 사용되고 있습니다. 심리적으로는 불면증을 완화시키며, 명료성, 창조성을 증가시켜 줍니다.

청색은 보통 깊은 바닷속을 비유하며, 속을 알 수 없을 정도 깊은 내면세계를 나타내기도 합니다. 자아의 정체성, 냉정한 두뇌형입니다.

■ 갈팡질팡 직사각형

A형: "저 무지개 끝에는 황금단지가 있을 거야. 난 알 수 있어."
B형: "내 인생에 더 좋은 일이 생길 거야. 그 일이 무엇인지 찾아
내고 얻어내는 방법을 알아낸다면 말이야."

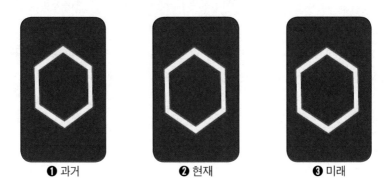

❶ 과거　　　　　❷ 현재　　　　　❸ 미래

❶ 첫 번째로 청색(전생, DNA)을 뽑았다면
– 속이 깊다. 안정적이다. 두뇌가 좋은 형이다.

❷ 두 번째로 청색(현재)을 뽑았다면
– 자기 자신은 특별한 사람이다. 정적인 교양이 있는 사람이
다. 모든 걸 다 안다.

❸ 세 번째로 청색(가까운 미래)을 뽑았다면
– 안정적이며 위험한 행위는 불가이다. 방어적이다.

7. 보라색

고통을 사색과 사유의 힘으로 치유 에너지로 바꿉니다. 빨강과 파랑이 혼합된 색으로서 우아함, 화려함, 풍부함, 고독, 추함 등의 다양한 느낌을 갖고 있습니다. 예로부터 왕실의 색으로 사용된 보라색은 품위 있는 고상함과 함께 외로움과 슬픔을 느끼게 합니다.

보라색은 주로 예술과 신앙심을 자아내며, 푸른색 기운이 많은 보라색은 장엄함, 위엄 등의 깊은 느낌을 주며, 붉은색 기운이 많은 보라색은 여성적, 화려함 등을 나타냅니다. 심리적으로 보라색은 쇼크나 두려움을 해소하고, 불안한 마음을 정화시키는 역할을 하며, 정신적인 보호기능을 합니다.

사다리꼴 모양과 삼각형 모양을 같이 봅니다.

■ 예측불허 지그재그형

A형: "세상은 복잡하고 호기심을 자극하는 것이 많은 곳이다. 배
　　　우고 싶은 것도 많고, 하고 싶은 것도 많다."

B형: "나는 커서 뭐가 되고 싶은지 아직도 잘 모르겠다. 운이 좋으
　　　면 아무것도 하지 않아도 될 텐데 말야."

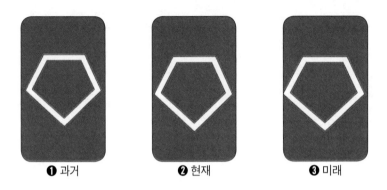

❶ 과거　　　　　　❷ 현재　　　　　　❸ 미래

❶ 첫 번째로 보라색(전생, DNA)을 뽑았다면
　　- 고귀하다. 정적이다. 부드럽다(노블레스, 교양)

❷ 두 번째로 보라색(현재)을 뽑았다면
　　- 우울하다. 고귀하다. 여성스럽다.

❸ 세 번째로 보라색(가까운 미래)을 뽑았다면
　　- 유지하고 싶다 나만의 삶을 고귀하고 싶다.

8. 마젠트색

　자주색은 빨강과 보라의 중간색으로 신비, 환상, 애정, 사랑, 성 등의 이미지를 지니고 있습니다. 또한 우울증이나 저혈압 등을 상징하며, 술이나 창조적인 부분도 포함하고 있습니다. 신비하고, 여성적인 부드러움을 강조할 때 많이 사용되는 색입니다.

　심리적으로 자주색이나 마젠트는 실망감에서 벗어나게 해주며, 정신적으로 의지할 수 있게 합니다. 나른하게 만든다거나 새로운 도전을 거부하는 등의 정적인 측면도 숨어 있습니다.

■ 예측불허 지그재그형

A형: "세상은 복잡하고 호기심을 자극하는 것이 많은 곳이다. 배
우고 싶은 것도 많고, 하고 싶은 것도 많다."

B형: "나는 커서 뭐가 되고 싶은지 아직도 잘 모르겠다. 운이 좋으
면 아무것도 하지 않아도 될 텐데."

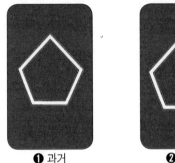
❶ 과거

❷ 현재

❸ 미래

❶ 첫 번째로 보라색(전생, DNA)을 뽑았다면
 - 타고난 아트(Art) 형이다. 예술형, 엔터테이너

❷ 두 번째로 보라색(현재)을 뽑았다면
 - 말을 잘한다. 엔터테인먼트, 강사처럼 강의에서 말하는 직업,
  표현력의 극대화

❸ 세 번째로 보라색(가까운 미래)을 뽑았다면
 - 활화산이 터지는 모습, 패러다임의 전환, 새로운 아이디어,
  반전에 반전

9. 핑크색

핑크색은 '사랑'이나 '행복'의 상징이 되는 경우가 많습니다. 여성이 바라보는 핑크색의 이미지는 '봄', '따뜻함', '달콤함', '행복' 등으로 추론할 수 있습니다. 인간의 행복을 상징하는 색으로 행복을 표현하고 이미지화하는 색입니다. 또 종교미술에서는 르네상스 이후 종교화의 대부분이 천상의 색으로 사용하고 있습니다. 동양의 종교화에서도 피안의 색으로 사용되었습니다. 불교에서 핑크색은 주로 연꽃에서 볼 수 있는데, 열반의 상징으로도 표현됩니다.

오로라 타로카드에서 핑크색의 도형심리 부분은 의도적으로 흐트러진 모습의 하트를 넣어 인생의 이야기를 만들어 보았습니다. 주로 여성들이 많이 선호하는 색상입니다.

사랑의 결핍과 상처받은 영혼의 고양에서 주로 표현됩니다.

■ 다정다감 원형

A형: "사람들이 원하는 대로 해주자."

B형: "우리 모두가 서로 사랑하기만 한다면 더 살기 좋은 세상이
될 것이다."

❶ 과거   ❷ 현재   ❸ 미래

❶ 첫 번째로 핑크색(전생, DNA)을 뽑았다면
　 - 여성적이고 싶은 마음, 소녀의 마음, 종교적 마음

❷ 두 번째로 핑크색(현재)을 뽑았다면
　 - 사랑받고 싶을 때, 사랑하고 싶을 때, 약간은 흥분된 들뜬 마음

❸ 세 번째로 핑크색(가까운 미래)을 뽑았다면
　 - 미래의 희망, 고양하는 영혼, 행복해지고 싶다는 로망

VI. 색채론

색즉시공(色卽是空)

공즉시색(空卽是色)

오로라 타로카드를 구상하면서 하루에도 몇 번씩 머리에서 맴돌았던 반야심경의 "색즉시공(色卽是空), 공즉시색(空卽是色)"의 글이다. 반야심경에서 '색(色)은 공(空)'이라는 부정과 '공(空)은 색(色)'이라는 긍정을 설명하고 있다. 무(無)와 유(有)를 종합하여 공에 대한 올바른 이해가 절실히 요구된다. 또 공을 이해하는데 있어 그 근본은 인연(因緣)이라는 글자이다. 이 인연(因緣)의 진리를 깨달았을 때 비로소 공을 알 수 있는 것이다.

결국 공과 인연은 서로 붙어있는 겉과 속이며 하나이다. 인연은 풀어 말하면 인연생기(因緣生起)이며, 일체가 인연의 화합에서 생긴다는 뜻이다. 인(因)으로부터 과(果)가 생기듯이, 인연화합(因緣化合)의 결과에는 생각이 미치지 못한다. 더구나 식(識)은 미혹(迷惑)의 근원이 된다. 사람의 미혹은 인연을 확실히 깨닫지 못한 데에 그 원인이 있다. 즉 인연의 진리를 모르는 것이 미혹이고 인연의 진리를 안다는 '깨달음'이다.

- 다카가미 가쿠쇼오

1. 색의 인연

1) 음(Yin)과 양(Yang)은 우리 주변에 항상 존재하는 일상의 한 부분이다. 동양의 사상 철학에는 중용과 중화란 표현이 있다. 음(陰)과 양(陽)은 고정된 것이 아니다. 항시 변화하고 있는 것이 음(陰)과 양(陽)이다.

동양사상에는 음(陰)과 양(陽)으로『주역(周易)』의 태극설(太極說)인 태양(太陽), 소양(小陽), 태음(太陰), 소음(小陰)의 사상(四象)에서 건위천(乾爲天), 태위택(兌爲澤), 이위화(離爲火), 진위뢰(震爲雷), 손위풍(巽爲風), 감위수(坎爲水), 간위산(艮爲山), 곤위지(坤爲地)의 팔괘(八卦)가 만들어지고 64쾌(卦)가 형성된다. 또다시 색채의 응용력이 64쾌(卦)를 128개의 색채로 표현할 수 있다. 오라소마의 색채학도 이 원리에서 왔다고 필자는 알고 있다.

도교의 무위자연의 원리는 자연의 이치를 해석할 때나 의학과 점성술을 연구할 때 중요한 역할을 담당하였다. 도교는 생명이 두 개의 반대되는 힘으로 구성되었다고 생각한다. 하지만 그들은 서로에게 적대적이지 않은 힘이다. 그것이 바로 음(Yin)과 양(Yang)이다. 따로따로 존재해서는 무(無)에 지나지 않지만 함께 존재할 때 물질적 정신적인 힘을 발휘한다.

시간과 공간, 형식과 내용, 선과 악, 흑과 백, 음은 여성이고 양은 남성, 음은 확장이고 양은 수축, 음은 밤이고 양은 낮, 음은 추위이고 양은 더위, 두 힘은 원운동을 하며 상호작용 속에서 지속적으로 변화한다.

2) 보색의 원칙을 적용하려면 짝수의 색을 채택해야 한다. 그렇지 않으면 그 원리도 효과를 발휘하지 못한다. 뉴턴의 색상환이 그렇듯이, 하나의 색이 언제나 보색 없이 남겨질 것이기 때문이다.

괴테가 비록 여섯 색의 색상환으로 짝수를 맞추긴 했지만, 그는 가장 중요한 색인 '빨간색'을 삭제하였다. 빨간색이 노랑, 초록, 파랑과 함께 기본색 중 하나인데도 말이다. 그래서 우리는 색 스펙트럼의 가장 앞에 빨간색에 복종하거나 지배하지 않는 관계로 조화를 이룬다. 수년 동안 작업을 하면서 '다리'라고 생각하게 되었다.

청록색은 자기 계발을 향하여 나아가는 새롭고 점진적인 움직임을 반영한다. 그래서 변화와 성장의 기질을 품고 있는 이 시대에도 잘 어울린다. 반면에 어두운 파란색에 가까운 남색은 자기희생과 연결된다. 처벌과 고생이 수반되고 그 결과 아픔과 순교가 생긴다. 이런 남색의 특징 때문에 남색이 우리의 스펙트럼에 적절하지 않다고 판단하여 제외하였다.

똑같은 강렬함을 지닌 두 개의 보색이 나란히 배열될 때, 색 대비는 가장 강렬해진다. 그 강도에 따라서 미묘하고 극적인 효과를 지닐 수도 있다. 그리고 사람들이 반응하는 양식도 여러 가지로 나타난다. 강하게 끌릴 수도 있고 극도로 혐오스러울 수도 있다. 보색은 균형 있는 에너지를 드러내기 위해 결합되는 것이기 때문에 완벽한 효과를 준다.

양에 속하는 색은 따뜻한 스펙트럼의 색이다. 음에 속하는 색은 차가운 스펙트럼 색이다. 마젠타, 빨강, 주황, 노랑은 기본적으로 양의 색이다. 초록, 청록, 파랑, 보라는 음의 색이다.

19세기 말의 색채 화가인 배빗(Babbitt)은 자기적인(Magnetic) 색과 전기적인(Electric) 색에 대해 말한 바 있다. 자기적인 색은 양이고 전기적인 색은 음이다.

음과 양이 따로 떨어진 것이 아니라 서로를 품에 끌어안고 있다. 음 안에는 양의 요소가 존재한다. 양의 안에는 음의 요소가 존재한다.

각각의 색에는 이원성이 있다. 긍정적인 속성과 부정적인 속성이 있다.

밝음을 향상시키거나 축소시키거나 혹은 창조할 수 있다. 어두움도 향상시키거나 축소시키거나 혹은 창조할 수 있다.

빨강의 스펙트럼에는 밝은 빨강과 어두운 빨강이 있다. 밝은 쪽의 빨강들은 빨강의 특징을 강화시켜서 음에 더 가깝다. 반면에 어두운 빨강들은 빨강의 특징을 축소하는 것으로 양에 가깝다.

차갑거나 따뜻한, 소극적이거나 활동적, 보색대비이다.

지금 당신에게는 빨간색이 필요하다. 그래서 오랜 기간 동안 보색인 청록을 사용하지 않고 빨간색만을 활용한다. 그럼 어떤 결과가 나타날까. 조만간 당신은 신체적인 피로와 에너지 고갈을 경험하게 될 것이다. 너무 많은 빨강에 노출되었기 때문이다. 다시 말해서, 빨강을 '과잉복용'한 것이다. 분명 빨강은 당신에게 에너지를 준다. 하지만 과잉복용하면 에너지를 빼앗아 가는 역효과를 일으킬 것이다.

색채 치료에서 보색을 활용하지 않는다면 부작용이 일어난다.

눈에 들어오는 다른 색채의 빛이 시상하부와 뇌하수체를 통하여 간접적으로 인간의 감정 체계에 영향을 미친다는 사실은 이미 과학적으로 증명되었다. 그리고 확실한 증거가 없다 해도, 색이 신체뿐만 아니라 정신에도 영향을 미친다는 점과 우리가 나름대로 색에 반응한다는 점은 부인할 수 없는 사실이다.

똑같은 파란색을 보여주더라도 어떤 사람은 차분함을 느낀다. 그러나 다른 사람은 차가움을 느낄 수 있다. 빨강색도 어떤 사람에게는 관능적이고 도발적인 색이다. 하지만 다른 사람은 극히 거슬리는 색으로 느낄 수 있다.

사람들이 특정한 색에 끌리는 경향은 몇 가지 요소에 따라서 결정이 된다.

성격이나 인생경험, 혹은 자신이 의식하지 못하는 내면적인 소망이나 생각 등이 그 근거가 될 수 있다. 자신이 필요로 하는 색을 정확히 아는 사람이 있는가 하면, 의식조차 못하는 사람들도 있다. 그 색이 자신에게 유익할 것인지를 생각해서 색을 선택하는 사람은 별로 없다. 그들에게 안 맞는 색이라도 그 색을 좋아하기 때문에 선택하는 경우가 더 많다.

　그렇다면 그들이 왜 특별히 그 색을 좋아하는 것일까. 사람들이 어떤 색을 좋아하거나 싫어하게 되는 이유, 매력을 느끼거나 반감을 느끼게 되는 이유가 무엇일까.

　이러한 색 반응은 어린 시절의 기억 때문일 수도 있고, 그들에게 주입된 전통적인 의미나 상징과 관련될 수도 있다. 단순히 유행 때문에, 혹은 자신에게 잘 어울린다고 생각할 수도 있다. 지금까지 색의 힘으로 자아발견을 도와주려는 심리 검사들이 꾸준하게 개발되어 왔다.

　괴테는 색채가 인간의 감정에 즉각적인 영향을 미친다고 생각했다. 양의 원리를 아니무스(Animus, 여성 내부의 남성적 요소)로, 음의 원리를 아니마(Anima, 남성 속에 있는 여성적 요소)로 설명했던 칼 융도 색채의 상징적인 힘을 믿었으며, 자신의 환자들에게 그 자리에서 색을 사용해 보라고 요구하기도 했다. 그런 방법으로 환자의 무의식적인 정신을 표출시켜 의식과 함께 통합하기 위해서였다.

　러셔 색채 심리 검사법을 개발했던 막스 러셔는 사람의 마음에 미치는 색의 영향력을 연구하였다. 각각의 색이 감정적인 가치를 지니고 있으며, 색의 선호도가 그 사람의 기본 성격을 드러낸다고 생각했다. 빨강을 굉장히 좋아하는 사람은 자기 의견이 뚜렷하고 외향적이며 강한 의지력을 지닌 사람인데 반해, 그 색을 싫어하는 사람은 수줍음이 많고 사회적으로 움츠러드는 사람일 가능성이 크다고 판단하였다.

- 하워드 선, 도로시 선

3) 색의 3속성은 색상, 명도, 채도이다.

① 색상 ② 명도 ③ 채도 ④ 보색

4) 색의 심리학- TRR 분석법

가) 따뜻한 색

① 빨강 ② 주황 ③ 노랑 ④ 녹색 ⑤ 초록

나) 차가운 색

① 청록 ② 파랑 ③ 남색 ④ 보라 ⑤ 핑크 ⑥ 마젠트 ⑦ 갈색

다) 무채색

① 흰색 ② 회색 ③ 검정

2. 색채 효과

1) '빛'과 '색'

색이란 빛이 눈의 시신경을 자극하여 뇌의 시각중추에 생기는 감각 작용이다. 날이 저물면 태양 빛이 보이지 않아 색은 자연히 사라진다. 빛에 의해 색을 느끼기 때문이다. 자연광에서 보는 색과 인공의 조명에서 보는 색이 다른 것만 봐도 색과 빛은 서로 필수 불가결한 관계에 놓여 있다는 것을 알 수 있다.

2) 채도

채도의 '채'는 '컬러'이다. 채도가 높다는 것은 컬러의 농도가 진하다란 뜻이다. '선명하다.'라고 표현한다. 채도가 낮으면 색이 보이지 않는 무채색이 된다. 채도가 높을수록 색은 강하며 낮을수록 색은 약하다. 채도가 가장 높은 색을 순색이라 말한다.

'톤'이란 명도와 채도의 개념을 하나로 합쳐서 보며, 색이 밝고 어두운 명도 대비나 명암이나 강·약 등의 조절을 표현하는 방법으로 본다.

3) 명도의 색

명도의 색이란 밝기를 의미한다. 보통 11단계로 나타낸다. 빛이 적거나 검정색을 첨가하면 색이 어두워진다. 이러한 명암을 색의 명도대비라 한다. 초콜릿의 진한 갈색은 밝은 갈색보다 어두우며, 하늘의 색인 파랑은 바다색의 파랑에 비해 밝다. 색의 밝은 정도에 따른 빛의 어두움을 명도대비라 한다.

4) 색상의 색

색상의 색을 이야기할 때, 입체를 가로로 잘라 반을 나눈 단면의 원주를 색상이라 한다. 색상은 색의 종류를 말하며, 색상환은 색을 차례로 나열해 원으로 표현한 것이다. 문교부의 색상환은 순색부터 10색, 12색, 20색, 24색, 36색 등 표현한다.

5) 원색

원색이란 혼합해서 모든 종류의 색을 만들 수 있는 서로 독립적인 색을 말한다. 서로 독립적인 색이란, 다른 색들의 혼합으로는 만들어지지 않는 색인 원색을 말한다.

순색이란 '원색'의 기본이 되는 색이다. 가장 순수한 색으로 색과 색의 혼합으로 만들어질 수 없는 색을 일컫는다. 높은 채도를 가졌지만 채도가 높다고 해서 모두 순색이라 말하지 않는다. 먼셀의 20색 중 순색이란, 무지개색이다.

빨강, 주황, 노랑, 초록, 파랑, 남색, 보라색. 나머지 13색은 순색이 아니다.

6) 삼원색

삼원색은 빛의 삼원색(빨강, 초록, 파랑)이라고도 한다.

색이란 정신적인 면과 정서적인 면의 경험이다.

우리가 눈으로 바라보는 것이 생리적 심리적으로 연결이 되어 있다면, 우리의 정신세계나 미적인 감각과도 관련이 되어 있다.

7) 빨강(적), 파랑, 보라(청), 초록(녹)

빨강 + 초록 = 노란색

초록 + 파랑 = 청록색

파랑 + 빨강 = 마젠트색

삼원색의 결합으로 '가색'이 만들어졌다.

빛의 삼원색은 빨강(R), 초록(G), 파랑(B)이고,

색의 삼원색은 사이언(C), 마젠타(M), 엘로우(Y)이다.

빛의 삼원색은 발산하는 색이라면, 색의 삼원색은 흡수하는 색을 말한다.

빛의 삼원색은 양(陽)의 삼원색이며, 색의 삼원색은 음(陰)의 삼원색이라 할 수 있다.

8) 색의 대비현상

① 동시대비

② 계시대비

③ 동화현상

9) 색의 성질에 의한 대비

① 색상대비

② 명도대비

③ 채도대비

④ 보색대비

⑤ 면적대비

⑥ 연변대비

10) 보색

보색이란 서로 반대되는 색(대칭)을 이야기한다.

색상환 그림으로 보면 정반대의 각에 위치한 색이다.

빨강(Red)의 보색은 초록(Cyan)이 되고, 노랑(Yellow)의 보색은 파랑(Blue)이며, 초록(Green)의 보색은 마젠트(Magenta)가 된다.

빛의 삼원색인 R, G, B(빨강 Red, 초록 Green, 파랑 Blue)와 안료의 삼원색인 C, M, Y(K)(초록 Cyan, 마젠트 Magenta, 노랑 Yellow)는 서로 보색의 관계에 있다.

혼합하여 무채색이 되는 두 가지 색을 서로 보색관계라고 하며, 보색 관계에 있는 두 색을 서로 상대방에 대한 보색이라고 한다.

색광 혼합의 경우 백색(光)으로, 색료 혼합의 경우는 검정색이 된다.

2차색은 그 색에 포함되지 않은 원색과 보색 관계에 놓인다.

색상환에서 서로 마주 보는 위치에 있다.

빨강과 초록, 노랑과 파랑, 초록과 보라, 색광은 서로 보색이며 이들의 어울림을 보색대비라 한다.

색상환 속에서 서로 마주 보는 위치에 놓인 색을 모두 보색 관계를 이루는데, 이들을 배색하면 선명한 인상을 준다.

11) 유채색과 무채색

유채색은 채도가 있는 색을 말한다. 반대로 무채색은 채도가 0인 색상(Hue)을 갖지 못한 색(Color)이라는 뜻이다. 색의 3속성 중 명도만을 가지며 가장 밝은 색은 흰색, 가장 어두운 색은 검은색, 그 사이에 있는 색은 회색이다.

12) 심리학의 색

심리학에서 색을 자각하는데 반드시 필요한 조건은 빛과 물체(대상물), 감각(눈) 그리고 뇌의 작용이다. 빛은 물체에 닿으면 화학적 성질에 따라 흡수되어 투과되거나 반사된다. 빛이란 질적이나 양적으로 변화하는데, 물체에 반사되는 빛은 눈의 망막에 있는 추상체를 자극하고, 이 추상체가 각각 다른 파장역의 빛에 대해 선택적 반응하여 색 감각을 일으킨다. 색의 자극은 체내에서 감지할 수 있는 전기적인 신호로 변환되고, 그 정보가 대뇌로 전달되어 비로소 물체의 색으로 인식된다.

13) 색과 언어

색과 언어의 관계색에 대한 이미지에는 공통의 느낌이 있다.

'따뜻한', '차가운', '부드러운', '좋아함', '싫어함'과 같은 가치의 기준이나 환경과 시대의 조건에 좌우되지 않는 객관성이 있다. 유사한 언어를 정리해서 이미지 패턴으로 묶는다면, 하나하나의 용어들에 감미로운, 우아한 등의 공통된 이름을 붙여 쉽게 이해할 수 있도록 하였다.

14) Tarot Reflection Reading(TRR 분석법)

메인 카드 (8 - 9), 스프레드 읽는 방법

첫 번째 카드: DNA 카드(전생에서 과거와 현재 상태 해석)

인연의 카드(개인적인 성향)

두 번째 카드: 현재의 모습 카드(현재의 상태 해석)　70- 80%

세 번째 카드: 미래의 모습 카드(미래의 상태 단계)　20 - 30%

Ⅶ. 도형 심리학

　도형 심리학은 각자의 성격, 태도, 교육, 경험 및 두뇌 작용 방식에 따라 주변의 특정 모양과 형태에 끌리는 성향이 있다는 개념에 기초하고 있다.

　먼저 두뇌 작용부터 알아보자. 사람들은 흔히 좌뇌를 이용하거나 우뇌를 이용하여 정보에 접근한다. 우리 몸에서 '컴퓨터'격인 뇌에서 정보를 처리하는 방식은 상에 반응하는 방식으로 결정된다. 박스형, 삼각형, 직사각형은 선형 도형에 속하는데, 이 유형에 속하는 사람들은 주로 좌뇌형으로, 논리적이고 체계적인 사고방식의 소유자이다. 원형이나 지그재그형을 고른 사람은 우뇌형이다.

　좌뇌형의 특징은 정돈되지 않고 꼼꼼하지 못한 사람은 질색한다는 것이다. 박스형의 사람이 부지런한 일꾼이라면, 삼각형의 사람은 리더형, 직사각형에 속하는 사람은 과도기에 머물러 있다.

　우뇌형인 원형의 사람은 어디에서나 잘 융화하는 유형이며, 지그재그형의 사람은 창조적이다.

1. 박스형: 부지런한 일꾼

장점: 체계적이다. 꼼꼼하다. 식견이 있다. 분석적이다. 참을성 있다.
완벽주의자다. 인내심이 강하다.

단점: 깐깐하다. 트집 잡는다. 자꾸 미룬다. 냉담하다. 변화를 거부한
다. 혼자 있기를 좋아한다. 불평한다.

직업유형: 회계사, 공무원, 행정가, 육체노동자, 비서, 트럭 기사, 행정 사
무직원, 서류 작성자, 전문의, 은행원, 교사, 작가, 편집자, 컴퓨
터 프로그래머

■ 고집불통 박스형
A형: 감정을 조절 할 수 있는 예측 가능한 세상에서 살고 싶다.
B형: 무엇이든 적재적소에 배치되는 것이 당연하다.

2. 삼각형: 경력, 지위

장점: 리더십이 있다. 목표에 집중한다. 결정력이 있다. 진취적이다. 경
쟁심이 강하다. 실리를 추구한다. 활동적이다.

단점: 자기중심적이다. 지나치게 많은 일을 맡는다. 독단적이다. 지위
를 중시한다. 정치적이다. 성급하다. 저돌적이다.

직업유형: 중역, 사업가, 매니저, 관리자, 정치가, 병원 관리자, 사장, 학교
관리자, 육군장교, 법률회사 파트너, 오케스트라 지휘자, 단체
조직위원장, 조종사

■ 성공지향 삼각형
A형: 신은 스스로 돕는 자를 돕는다.
B형: 바로 지금 하라.

3. 직사각형: 변화

장점: 과도기이다. 열정적이다. 탐구적이다. 호기심이 많다. 발전적이
다. 대담하다.

단점: 혼란스럽다. 자부심이 낮다. 행동이 일관되지 못하다. 속기 쉽
다. 불성실하다. 예측 불가능하다.

직업유형: 신임사장, 신입사원, 구직자, 대학 신입생, 고등학교 졸업생,
승진, 강등 사원, 중년의 위기에 처한 사람, 청년기, 경영인, 연
극배우, 영화배우, 음악가, 퇴직자

■ 갈팡질팡 직사각형

A형: 저 무지개 끝에는 황금단지가 있을 거야, 난 알 수 있어,

B형: 내 인생에 더 좋은 일이 생길 거야. 그 일이 무엇인지 찾아내
고 얻어 내는 방법을 알아낸다면 말이야.

4. 원형: 연인, 평화

장점: 다정하다. 남을 잘 보살핀다. 설득력이 있다. 정이 많다. 관대하
다. 안정적이다. 사려 깊다.

단점: 지나치게 사적이다. 감성적이다. 교묘하다. 수다스럽다. 자기
비판적이다. 정치에 무관심하다. 우유부단하다. 게으르다.

직업유형: 비서, 상담자, 정신건강 전문가, 간호사, 의사, 주부, 교사, 트레
이너, 인력 양성 전문가, 교수, 컨설턴트, 인사 관리 분석자, 판
매원, 수녀, 보이, 걸 스카우트 대표, 웨이트리스, 점원, 사학
자, 캠프 상담자, 점성가

- **다정다감 원형**

  A형: 사람들이 원하는 대로 해주자.

  B형: 우리 모두가 서로 사랑하기만 한다면 더 살기 좋은 세상이
  될 것이다.

5. 지그재그형: 성에 집착, 창조성

장점: 창조적이다. 개념적이다. 미래 지향적이다. 직관적이다. 표현이
풍부하다. 의욕이 넘친다. 재치가 있다. 감각적이다.

단점: 질서가 없다. 실천력이 없다. 현실에 어둡다. 논리적이지 못하
다. 자유분방하다. 열정이 지나치다. 행동이 튄다. 순진하다.

직업유형: 전략 기획자, 점성가, 화가, 연기자, 시인, 발명가, 요리사, 음악
가, 성직자/전도사, 실내 장식가, 대학교수, 이론가, 생산 전문
직, 공인중계사, 과학자, 연구원 국제 판매상, 상인, 인공지능
전문가, 창립자, PR 관리자, 사업가

- **예측불허 지그재그형**

  A형: 세상은 복잡하고 호기심을 자극하는 것이 많은 곳이다. 배우
  고 싶은 것도 많고, 하고 싶은 것도 많다.

  B형: 나는 커서 뭐가 되고 싶은지 아직도 잘 모르겠다. 운이 좋으
  면 아무것도 하지 않아도 될 텐데.

  ① 어두운 색 (진한 - 깨닳음, 노인)

  ② 화려한 색 (선명한 - 王, 중년)

  ③ 밝은 색 (밝은- 청소년)

  ④ 수수한 색 (엷은 - 신선한, 애기)

오로라 타로카드에서 명도 카드는 채도 카드를 제외한 카드 8장을
음(陰)의 카드로, 나머지를 양(陽)의 카드로 보면 된다. 양(陽)이 과하면
음(陰)이 되고, 음(陰)이 과하면 양(陽)이 된다. 변화를 눈여겨보라.

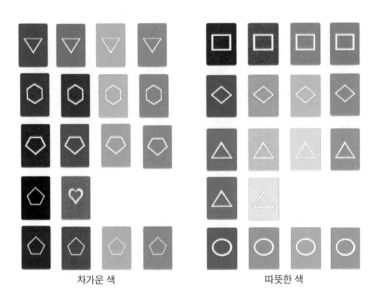

차가운 색　　　　　　　　　따뜻한 색

VIII. 색채 심리학

채도와 명도로 보는 14가지 컬러 심리학

1. 빨강: 원초적인 외침

빨강은 안전색채로서 정지·금지의 뜻을 지니고 있다. 방화, 금지표시, 소화기, 경보기, 긴급정지 등에 주로 쓰인다.

빨강은 색채 중에서 가장 자극적이며 감정을 고조시킨다.

빨간색은 태양이나 불, 피, 혁명을 연상시키므로 정열과 열정, 적극성, 흥분 등을 상징하기도 하며, 위험이나 경고를 표출한다.

빨강에 흰색을 섞으면 분홍색이 되는데, 이는 파스텔 톤으로 부드럽고, 여성적인 느낌을 갖게 된다.

심리적으로 빨강은 부정적인 사고를 극복할 수 있도록 하며, 활기와 야망을 갖게 한다.

2. 주황: 매혹에 빠지다

난색이면서 홍분색이고 팽창색인 오렌지는 주목성이 높은 색이다. 시간 경과가 빨리 느껴지는 색으로 패스트 푸드점에서 음식을 빨리 회전시키기 위해 사용하는 경우가 많다.

빨강과 노랑의 성질을 갖고 있으므로 지성과 파워의 색이라고 일컬어진다.

식사할 때는 즐겁고 맛있게 느껴지며 신맛을 느끼게 한다.

심리적으로 주황은 기능저하를 막아주고, 감정을 자유롭게 도와준다.

3. 노랑: 감추어진 혼에 빛을 비추다

노랑은 유채색 중에서 명도와 채도가 가장 높은 색으로서 명랑, 생동감, 즐거움 등의 느낌을 준다. 또한 가장 이상적인 노랑인 황금색은 황금, 돈 등을 상징하며 부와 권위, 풍요로움을 나타내기도 한다. 안전 색채에서는 '주의'의 뜻을 가지고 있다.

노랑과 검정의 줄무늬로 된 색채는 명시도가 가장 높아, 시각적 주목성이 높다. 때문에 주로 간판이나 광고물에서 쉽게 볼 수 있다.

동양의 방위 색에서도 노랑은 중앙과 대지를 나타내고 있다.

심리적으로 노랑은 자신감과 낙천적인 태도를 갖게 하며, 새로운 아이디어를 얻을 수 있게 도움을 준다.

4. 녹색: 편안함, 휴식의 시기

연두색은 휴식이나 편안함을 느끼게 한다. 신선함도 가지고 있다.

봄이나 초여름의 자연을 상징하며, 새싹이나 어린이, 자연 등의 이미지도 갖고 있다.

치료 효과 면에서는 위안이나 피로 회복 등을 나타내고 있다. 심리적으로 연두색은 스트레스를 해소해주며, 정신의 평화를 갖게 해준다.

5. 초록: 감정의 안식을 추구하며

노랑과 파랑의 혼합색인 초록색은 온도감에서 중성색에 속한다. 강력한 느낌보다는 중성적인 느낌을 전달하게 되며, 가장 친근한 색으로 전개될 수 있다.

안전한 색으로 인식되며, 안전과 진행 및 구급, 구호의 뜻을 가진다. 때문에 대피 장소와 방향, 비상구, 구급상자, 보호 기구 상자, 구호소 등의 표지판으로 주로 활용되고 있다.

심리적으로 초록은 스트레스와 격한 감정을 차분하게 도와주며, 균형을 잡아주는 역할을 한다.

6 청록

남색은 파랑계통의 느낌을 가지면서도 좀 더 깊고, 차가운 물을 연상케 한다.

보통 신경계통과 눈의 피로 회복에 주로 사용된다.

심리적으로 정신병 치료에 효과적이며, 두려움을 해소하는 진정제 역할도 한다.

7. 파랑: 상실과 재생의 마음

파란색은 전 세계적으로 기호도가 가장 높은 색으로 상쾌함, 신선함, 물, 차가움 등을 나타낸다.

또한 냉정, 신비로움을 느끼게 한다. 또한 한색의 대표적인 색으로 차가운 느낌과 진정적인 효과를 보게 되므로, 심신의 회복력과 신경계통의 색으로도 사용되고 심리적으로 불면증을 완화시키며, 명료성, 창조성을 증가시켜 준다.

8. 보라: 고통을 치유의 힘으로 바꾼다

　빨강과 파랑이 혼합된 색으로 우아함, 화려함, 풍부함, 고독, 추함 등의 다양한 느낌을 갖고 있다. 예로부터 왕실의 색으로도 사용된 보라색은 품위 있는 고상함과 함께 외로움과 슬픔을 느끼게 한다.

　보라색은 주로 예술성과 신앙심을 자아내며, 파란색 기운이 많은 보라색은 장엄함, 위엄 등의 깊은 느낌을 주며, 붉은색 기운이 많은 보라색은 여성적, 화려함 등을 나타낸다.

　심리적으로 보라색은 쇼크나 두려움을 해소하고, 불안한 마음을 정화하는 역할을 하며, 정신적인 보호 기능을 한다.

9. 핑크: 행복의 에너지

행복감을 이미지화하는 색으로 '사랑'이나 '행복'의 상징이 되는 경우가 많다. 불교에서는 주로 연꽃에서 볼 수 있는데, 열반의 상징으로 표현된다.

여성에게 바라는 이미지는 '따뜻함', '달콤함', '행복' 등으로 추론할 수 있다.

10. 마젠트

빨강과 보라의 중간색으로 신비, 환상, 애정, 사랑, 성 등의 이미지를 지니고 있다. 또한 우울증이나 저혈압 등을 상징하며, 술이나 창조적인 부분도 포함하고 있다.

신비하고, 여성적인 부드러움을 강조할 때 많이 사용되는 색이다.

심리적으로 자주색이나 마젠트는 실망감에서 벗어나게 해주며, 정신적으로 의지할 수 있게 한다. 나른하게 만든다거나 새로운 도전을 거부하는 등의 정적인 측면도 숨어 있다.

11. 갈색

갈색은 빨강, 노랑, 파랑 등 여러 색의 혼합으로 만들어지는 중성색이다. 자연적이며, 친화적인 느낌을 주는 갈색은 흔히 볼 수 있는 흙이나, 낙엽, 나무, 돌 등에서 찾아볼 수 있다. 원색이나 순색에서와 같은 강렬함은 없지만 오래 두고 봐도 편안하게 볼 수 있다는 장점을 가지고 있다.

갈색은 혼합된 색으로 사용하기도 하지만 원목가구, 무늬목 등과 같이 실제 재질을 사용하는 것이 더 자연스럽다.

심리적으로 감정에 대한 억압이나 두려움을 완화해 준다.

12. 흰색: 처녀성의 상징, '순수', '무구', '청결'

흰색은 모든 빛을 반사하며, 아무런 색도 없는 무색이다. 흰색은 무채색 중에서 가장 밝기 때문에 숭고, 순결, 단순함, 순수함, 깨끗함 등의 느낌을 가지게 된다. 백의민족(白衣民族)이라는 말에서 보듯 우리 민족을 대표하는 색이다.

흰색은 색의 온도에서는 차가운 느낌을 가지게 된다.

심리적으로 흰색은 감정이나 사고를 정화해주는 역할을 하며, 실제로 해방감이란 느낌을 준다.

13. 회색

　회색은 흰색과 검은색의 중간색으로 세련된 느낌과 더불어 애매모호한 성격을 나타내기도 한다.

　은색이나 은회색 같은 밝은 회색은 지성, 고급스러움, 효율성 등을 나타내며, 어두운 회색은 침울, 성숙, 진지함, 퇴색 등의 의미를 지니고 있다.

　심리적으로 독립성, 자기 통제력이 강한 느낌을 전달하는 회색은 외부와의 고독을 나타내며 자기 비판의식도 가져오게 된다.

14. 검정

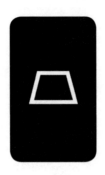

검은색은 모든 빛을 흡수한 색이다. 검은색은 무거움, 두려움, 암흑, 공포, 죽음 등을 나타낸다. 또한 권위를 상징하기도 하므로 종교에 귀의한 성직자, 수녀 등과 지배자, 간부 등과 같은 사람들의 색으로도 사용되며, 죽음을 애도하는 색으로도 사용된다.

검은색을 유채색과 함께 사용하게 되면 보다 뚜렷하게 부각되는 결과를 얻을 수 있다.

심리적으로 검정은 편리함과 보호감 그리고 신비감을 준다.

EX. 1세트(3장) × 3 가지 경우의 수(數)

= 3 가지 경우의 수(數) 해석 방법론

(1) 첫 번째 빨강

(2) 두 번째 청색

(3) 세 번째 청록

1세트(3장) × 3 가지 경우의 수(數)

= 3 가지 경우의 수(數) 해석 방법론

1	(1) (6) (5)	첫 번째 빨강(1),	두 번째 청색(6),	세 번째 청록(5)
2	(1) (5) (6)	첫 번째 빨강(1),	두 번째 청록(5),	세 번째 청색(6)
3	(6) (1) (5)	첫 번째 청색(6),	두 번째 빨강(1),	세 번째 청록(5)
4	(6) (5) (1)	첫 번째 청색(6),	두 번째 청록(5),	세 번째 빨강(1)
5	(5) (6) (1)	첫 번째 청록(5),	두 번째 청색(6),	세 번째 빨강(1)
6	(5) (1) (6)	첫 번째 청록(5),	두 번째 빨강(1),	세 번째 청색(6)

0. 오로라 컬러 통변 예시

(1) 첫 번째 빨강　　　　(2) 두 번째 청록　　　　(3) 세 번째 청색

- 고지식하고 융통성은 없으나 눈치가 빠른 정확한 스타일의 소유자다.
- 매사에 실수를 하지 않는다.
- 알면서 모른 척하고 있을 뿐이다.
- 머리가 빠르다.
- 머리가 좋다. 지적인 스타일이다.
- 남자일 경우는 머리가 좋으나 여자일 경우는 자신감을 상실한 상태일 수 있다.
- 몸을 움직여라. 몸을 움직여야 목적(돈)에 가까이 갈 수 있다.
- 조용한 성품으로 매사에 실수하지 않으려고 조심한다.
- 선택 장애를 겪을 수도 있다.
- 낯선 곳을 싫어한다.
- 실패하는 것을 병적으로 싫어한다.
- 완벽주의인줄 알 뿐이다.
- 하지만 운기는 하양 곡선이다.
- 여행을 떠나라.
- 환경을 바꿔줘라.

1. 오로라 컬러 통변

1)

- 고지식하며 정확한 마인드 소유자다. 한 성격한다.
- 눈치가 빠르며 속을 드러내놓지 않는 모습이다.
- 조심성이 많고 나서기 싫어하는 평화주의자이다.
- 지적이다.

빨간색의 장점:	따뜻한, 강한, 참아내는, 활기찬, 결연한, 실용적인, 정열적인, 지도적인, 활동적인, 주도하는, 참여적인
빨간색의 단점:	차가운, 연약한, 화난, 피곤한, 의지가 약한, 불친절한, 무딘, 비실용적인, 복종하는, 나태한, 순종적인, 무관심한
청록색의 장점:	반짝이는, 젊은, 상상력이 풍부한, 차분한, 변화 가능한, 깨끗한, 예민한, 변화하는, 올라가는, 확실한, 명백한, 승리하는
청록색의 단점:	둔탁한, 늙은, 꽉 막힌, 산만한, 고정된, 해로운, 둔감한, 변하지 않는, 처지는, 불확실한, 혼란스러운, 실패하는
청색의 장점:	평화로운, 평온한, 수동적인, 믿음직한, 의지할 만한, 합쳐진, 수용, 유연한, 확고부동한, 기쁜, 걱정 없는
청색의 단점:	의견충돌, 동요하는, 적극적인, 의심스러운, 못미더운, 고립된, 도피, 경직된, 물러나는, 우울한, 불안한

2)

- 매력적인 스타일이다. 강하면서 부드럽다. 유쾌하다.
- 남자일 경우는 외유내강의 스타일이다. 여자인 경우는 보이시한 개성의 소유자이다.
- 지적이다. 똑똑한 줄 안다.
- 생각이 많아진다. 우울증을 조심하라. 기운이 하락하고 있다.

오렌지색의 장점:	원기왕성한, 쾌활한, 자발적인, 생기발랄함, 용감한, 즉각적인, 사교적인, 힘찬, 유머러스한, 건설적인, 자신감 있는, 충동적인
오렌지색의 단점:	생기 없는, 우울한, 망설이는, 의기소침한, 소심한, 신중한, 신중한, 고독한, 엄숙한, 지친, 파괴적인, 두려워하는, 통제된
청색의 장점:	평화로운, 평온한, 수동적인, 믿음직한, 의지할 만한, 합쳐진, 수용, 유연한, 확고부동한, 기쁜, 걱정 없는
청색의 단점:	의견충돌, 동요하는, 적극적인, 의심스러운, 못미더운, 고립된, 도피, 경직된, 물러나는, 우울한, 불안한
보라색의 장점:	함께, 귀중한, 존경할만한, 직관적인, 인정하는, 드러나는, 아름다운, 자신감 있는, 마음이 트인, 견고한, 감탄스러운
보라색의 단점:	혼자, 가치 없는, 우스꽝스러운, 조심스러운, 부인하는, 숨겨진, 매력 없는, 초라한, 편협한, 무른, 수치스러운

3)

- 평화를 지향하며 스트레스받기 싫어하는 소유자이다.
- 조심성이 많고 나서기 싫어하는 평화주의자이다. 지적이다.
- 생각이 많다. 우울증을 조심하라.

초록색의 장점:	균형, 효율적인, 체계적인, 공평한, 감사하는, 성실한, 안정된, 조화로운, 보호하는, 자유로운, 만족하는
초록색의 단점:	불균형, 비효율적인, 불규칙적인, 불공평한, 불성실한, 다투는, 위협적인, 이기적인, 갇힌, 불안정한, 질투하는
청색의 장점:	평화로운, 평온한, 수동적인, 믿음직한, 의지할 만한, 합쳐진, 수용, 유연한, 확고부동한, 기쁜, 걱정 없는
청색의 단점:	의견충돌, 동요하는, 적극적인, 의심스러운, 못미더운, 고립된, 도피, 경직된, 물러나는, 우울한, 불안한
보라색의 장점:	함께, 귀중한, 존경할만한, 직관적인, 인정하는, 드러나는, 아름다운, 자신감 있는, 마음이 트인, 견고한, 감탄스러운
보라색의 단점:	혼자, 가치 없는, 우스꽝스러운, 조심스러운, 부인하는, 숨겨진, 매력 없는, 초라한, 편협한, 무른, 수치스러운

4)

- 고지식하며 정확한 마인드 소유자다. 한 성격한다.
- 우울증이 심하다. B.J이다.
- 남자일 경우는 여성성이 강하다. 여자일 경우는 예쁘다.

빨간색의 장점:	따뜻한, 강한, 참아내는, 활기찬, 결연한, 실용적인, 정열적인, 지도적인, 활동적인, 주도하는, 참여적인
빨간색의 단점:	차가운, 연약한, 화난, 피곤한, 의지가 약한, 불친절한, 무딘, 비실용적인, 복종하는, 나태한, 순종적인, 무관심한
보라색의 장점:	함께, 귀중한, 존경할만한, 직관적인, 인정하는, 드러나는, 아름다운, 자신감 있는, 마음이 트인, 견고한, 감탄스러운
보라색의 단점:	혼자, 가치 없는, 우스꽝스러운, 조심스러운, 부인하는, 숨겨진, 매력 없는, 초라한, 편협한, 무른, 수치스러운
마젠트색의 장점:	친절한, 지지하는, 사려 깊은, 다행스러운, 동정하는, 성숙한, 사랑하는, 진실한, 도움이 되는, 자연스러운, 커다란
마젠트색의 단점:	불친절한, 반대하는, 이기적인, 고통스러운, 무자비한, 미성숙한, 냉담한, 인위적인, 쓸모없는, 오만한, 작은

5)

- 안정된 느낌과 온화함을 즐긴다. 예술을 사랑하고 느낄 줄 안다.
- 온화하다. 사랑하다. 정적인 아름다움에서 행복을 느낄 수 있다.
- 남자일 경우는 예술성이 강하다.
- 여자일 경우는 마음이 여리다. 눈물이 많다.

초록색의 장점- 균형, 효율적인, 체계적인, 공평한, 감사하는, 성실한, 안정된, 조화로운, 보호하는, 자유로운, 만족하는

초록색의 단점- 불균형, 비효율적인, 불규칙적인, 불공평한, 불성실한, 다투는, 위협적인, 이기적인, 갇힌, 불안정한, 질투하는

보라색의 장점- 함께, 귀중한, 존경할만한, 직관적인, 인정하는, 드러나는, 아름다운, 자신감 있는, 마음이 트인, 견고한, 감탄스러운

보라색의 단점- 혼자, 가치 없는, 우스꽝스러운, 조심스러운, 부인하는, 숨겨진, 매력 없는, 초라한, 편협한, 무른, 수치스러운

마젠트색의 장점- 친절한, 지지하는, 사려 깊은, 다행스러운, 동정하는, 성숙한, 사랑하는, 진실한, 도움이 되는, 자연스러운, 커다란

마젠트색의 단점- 불친절한, 반대하는, 이기적인, 고통스러운, 무자비한, 미성숙한, 냉담한, 인위적인, 쓸모없는, 오만한, 작은

6)

- 정적인 스타일이다. 자기 자신이 똑똑하다고 생각한다.
- 암기력이 뛰어나다. 매사에 조심성이 많다. 치밀한 두뇌와 개성적 플레이가 가능한 자다. 분위기에 빠져든다.
- 정적이고 온화한 성격의 소유자이다. 하지만 변태성을 의심해 볼 만하다.

청색의 장점: 평화로운, 평온한, 수동적인, 믿음직한, 의지할 만한, 합쳐진, 수용, 유연한, 확고부동한, 기쁜, 걱정 없는

청색의 단점: 의견충돌, 동요하는, 적극적인, 의심스러운, 못미더운, 고립된, 도피, 경직된, 물러나는, 우울한, 불안한

보라색의 장점: 함께, 귀중한, 존경할만한, 직관적인, 인정하는, 드러나는, 아름다운, 자신감 있는, 마음이 트인, 견고한, 감탄스러운

보라색의 단점: 혼자, 가치 없는, 우스꽝스러운, 조심스러운, 부인하는, 숨겨진, 매력 없는, 초라한, 편협한, 무른, 수치스러운

마젠트색의 장점: 친절한, 지지하는, 사려 깊은, 다행스러운, 동정하는, 성숙한, 사랑하는, 진실한, 도움이 되는, 자연스러운, 커다란

마젠트색의 단점: 불친절한, 반대하는, 이기적인, 고통스러운, 무자비한, 미성숙한, 냉담한, 인위적인, 쓸모없는, 오만한, 작은

7)

  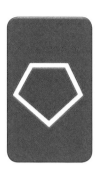

- 고지식하면서도 융통성을 갖춘 인성의 소유자이다.
- 정열적이며 완벽함을 추구한다. 퍼펙트 함을 즐긴다.
- 조용하며 강한 세단 같다. 정적인 스타일이다. 자기 자신이 똑똑하다고 생각한다. 암기력이 뛰어나다. 매사에 조심성이 많다.

빨간색의 장점:	따뜻한, 강한, 참아내는, 활기찬, 결연한, 실용적인, 정열적인, 지도적인, 활동적인, 주도하는, 참여적인
빨간색의 단점:	차가운, 연약한, 화난, 피곤한, 의지가 약한, 불친절한, 무딘, 비실용적인, 복종하는, 나태한, 순종적인, 무관심한
청색의 장점:	평화로운, 평온한, 수동적인, 믿음직한, 의지할 만한, 합쳐진, 수용, 유연한, 확고부동한, 기쁜, 걱정 없는
청색의 단점:	의견충돌, 동요하는, 적극적인, 의심스러운, 못미더운, 고립된, 도피, 경직된, 물러나는, 우울한, 불안한
보라색의 장점:	함께, 귀중한, 존경할만한, 직관적인, 인정하는, 드러나는, 아름다운, 자신감 있는, 마음이 트인, 견고한, 감탄스러운
보라색의 단점:	혼자, 가치 없는, 우스꽝스러운, 조심스러운, 부인하는, 숨겨진, 매력 없는, 초라한, 편협한, 무른, 수치스러운

8)

- 리더에 대한 로망이 강한 자이다. 의욕이 꺾인 듯한, 힘이 빠진 듯한, 운의 기운이 적에서 정적으로 바뀐 스타일이다.
- 자기 자신이 똑똑하다고 생각한다. 암기력이 뛰어나다. 매사에 조심성이 많다.

노란색의 장점:	합리적인, 논리적인, 지적인, 가벼운, 낙천적인, 명확한, 밝은, 관대한, 용서하는, 행복한, 질서 정연한, 안심하는
노란색의 단점:	비합리적인, 비논리적인, 멍청한, 무거운, 비관적인, 불명확한, 어두운, 악의적인, 앙심 깊은, 슬픈, 어지러운, 초조한
청색의 장점:	평화로운, 평온한, 수동적인, 믿음직한, 의지할 만한, 합쳐진, 수용, 유연한, 확고부동한, 기쁜, 걱정 없는
청색의 단점:	의견충돌, 동요하는, 적극적인, 의심스러운, 못미더운, 고립된, 도피, 경직된, 물러나는, 우울한, 불안한
보라색의 장점:	함께, 귀중한, 존경할만한, 직관적인, 인정하는, 드러나는, 아름다운, 자신감 있는, 마음이 트인, 견고한, 감탄스러운
보라색의 단점:	혼자, 가치 없는, 우스꽝스러운, 조심스러운, 부인하는, 숨겨진, 매력 없는, 초라한, 편협한, 무른, 수치스러운

9)

- 눈치가 빠르며 속을 드러내놓지 않는 모습이다.
- 정적인 스타일이다. 자기 자신이 똑똑하다고 생각한다.
- 암기력이 뛰어나다. 매사에 조심성이 많다.

청록색의 장점:	반짝이는, 젊은, 상상력이 풍부한, 차분한, 변화 가능한, 깨끗한, 예민한, 변화하는, 올라가는, 확실한, 명백한, 승리하는
청록색의 단점:	둔탁한, 늙은, 꽉 막힌, 산만한, 고정된, 해로운, 둔감한, 변하지 않는, 쳐지는, 불확실한, 혼란스러운, 실패하는
청색의 장점:	평화로운, 평온한, 수동적인, 믿음직한, 의지할 만한, 합쳐진, 수용, 유연한, 확고부동한, 기쁜, 걱정 없는
청색의 단점:	의견충돌, 동요하는, 적극적인, 의심스러운, 못미더운, 고립된, 도피, 경직된, 물러나는, 우울한, 불안한
보라색의 장점:	함께, 귀중한, 존경할만한, 직관적인, 인정하는, 드러나는, 아름다운, 자신감 있는, 마음이 트인, 견고한, 감탄스러운
보라색의 단점:	혼자, 가치 없는, 우스꽝스러운, 조심스러운, 부인하는, 숨겨진, 매력 없는, 초라한, 편협한, 무른, 수치스러운

10)

- 예술적 감각과 미적인 성향을 표현한다. 머리 회전이 빠르다.
- 미적인 감각이 뛰어나니 예술 계통으로 직업을 선택하면 좋다.
- 아름다운 꽃을 보는 느낌이다. 마음이 아름답다. 솔직담백하다.

오렌지색의 장점: 원기왕성한, 쾌활한, 자발적인, 생기발랄함, 용감한, 즉각적
　　　　　　　 인, 사교적인, 힘찬, 유머러스한, 건설적인, 자신감 있는, 충동
　　　　　　　 적인
오렌지색의 단점: 생기 없는, 우울한, 망설이는, 의기소침한, 소심한, 신중한, 신
　　　　　　　 중한, 고독한, 엄숙한, 지친, 파괴적인, 두려워하는, 통제된
보라색의 장점: 　함께, 귀중한, 존경할만한, 직관적인, 인정하는, 드러나는, 아
　　　　　　　 름다운, 자신감 있는, 마음이 트인, 견고한, 감탄스러운
보라색의 단점: 　혼자, 가치 없는, 우스꽝스러운, 조심스러운, 부인하는, 숨겨
　　　　　　　 진, 매력 없는, 초라한, 편협한, 무른, 수치스러운
마젠트색의 장점: 친절한, 지지하는, 사려 깊은, 다행스러운, 동정하는, 성숙한,
　　　　　　　 사랑하는, 진실한, 도움이 되는, 자연스러운, 커다란
마젠트색의 단점- 불친절한, 반대하는, 이기적인, 고통스러운, 무자비한, 미성숙
　　　　　　　 한, 냉담한, 인위적인, 쓸모없는, 오만한, 작은

11)

- 이상이 높은 사람이다. 화려함이 어울린다.
- 미적인 감각이 뛰어나니 예술 계통으로 직업을 선택하면 좋다.
- 아름다운 꽃을 보는 느낌이다. 마음이 아름답다. 솔직담백하다.

노란색의 장점: 합리적인, 논리적인, 지적인, 가벼운, 낙천적인, 명확한, 밝은, 관대한, 용서하는, 행복한, 질서 정연한, 안심하는

노란색의 단점: 비합리적인, 비논리적인, 멍청한, 무거운, 비관적인, 불명확한, 어두운, 악의적인, 앙심 깊은, 슬픈, 어지러운, 초조한

보라색의 장점: 함께, 귀중한, 존경할만한, 직관적인, 인정하는, 드러나는, 아름다운, 자신감 있는, 마음이 트인, 견고한, 감탄스러운

보라색의 단점: 혼자, 가치 없는, 우스꽝스러운, 조심스러운, 부인하는, 숨겨진, 매력 없는, 초라한, 편협한, 무른, 수치스러운

마젠트색의 장점: 친절한, 지지하는, 사려 깊은, 다행스러운, 동정하는, 성숙한, 사랑하는, 진실한, 도움이 되는, 자연스러운, 커다란

마젠트색의 단점: 불친절한, 반대하는, 이기적인, 고통스러운, 무자비한, 미성숙한, 냉담한, 인위적인, 쓸모없는, 오만한, 작은

12)

- 감성과 느낌을 중요시하는 스타일이다.
- 미적인 감각이 뛰어나니 예술 계통으로 직업을 선택하면 좋다.
- 아름다운 꽃을 보는 느낌이다. 마음이 아름답다. 솔직담백하다.

청록색의 장점: 반짝이는, 젊은, 상상력이 풍부한, 차분한, 변화 가능한, 깨끗한, 예민한, 변화하는, 올라가는, 확실한, 명백한, 승리하는

청록색의 단점: 둔탁한, 늙은, 꽉 막힌, 산만한, 고정된, 해로운, 둔감한, 변하지 않는, 쳐지는, 불확실한, 혼란스러운, 실패하는

보라색의 장점: 함께, 귀중한, 존경할만한, 직관적인, 인정하는, 드러나는, 아름다운, 자신감 있는, 마음이 트인, 견고한, 감탄스러운

보라색의 단점: 혼자, 가치 없는, 우스꽝스러운, 조심스러운, 부인하는, 숨겨진, 매력 없는, 초라한, 편협한, 무른, 수치스러운

마젠트색의 장점: 친절한, 지지하는, 사려 깊은, 다행스러운, 동정하는, 성숙한, 사랑하는, 진실한, 도움이 되는, 자연스러운, 커다란

마젠트색의 단점: 불친절한, 반대하는, 이기적인, 고통스러운, 무자비한, 미성숙한, 냉담한, 인위적인, 쓸모없는, 오만한, 작은

13)

- 고지식하고 완벽주의다.
- 고속도로 위를 달리는 차다. 지그재그형이다. 멈출 수 없다.
- 매력적인 사람이다. 불규칙하다.
- 이상이 높다. 욕심을 드러낸다. 무엇인가에게 흥분하고 있는 모습이다.

빨강색의 장점: 따뜻한, 강한, 참아내는, 활기찬, 결연한, 실용적인, 정열적인, 지도적인, 활동적인, 주도하는, 참여적인

빨강색의 단점: 차가운, 연약한, 화난, 피곤한, 의지가 약한, 불친절한, 무딘, 비실용적인, 복종하는, 나태한, 순종적인, 무관심한

오렌지색의 장점: 원기왕성한, 쾌활한, 자발적인, 생기발랄함, 용감한, 즉각적인, 사교적인, 힘찬, 유머러스한, 건설적인, 자신감 있는, 충동적인

오렌지색의 단점: 생기 없는, 우울한, 망설이는, 의기소침한, 소심한, 신중한, 신중한, 고독한, 엄숙한, 지친, 파괴적인, 두려워하는, 통제된

노란색의 장점: 합리적인, 논리적인, 지적인, 가벼운, 낙천적인, 명확한, 밝은, 관대한, 용서하는, 행복한, 질서 정연한, 안심하는

노란색의 단점: 비합리적인, 비논리적인, 명청한, 무거운, 비관적인, 불명확한, 어두운, 악의적인, 앙심 깊은, 슬픈, 어지러운, 초조한

14)

- 변화와 회전율이 빠른 카드이다. 매력적인 사람이다.
- 이상이 높다. 욕심을 드러낸다. 무엇인가에게 흥분하고 있는 모습이다.
- 아름답다. 끝없는 자신감으로 무소의 뿔처럼 달려라. 개성이 강하다.

오렌지색의 장점: 원기왕성한, 쾌활한, 자발적인, 생기발랄함, 용감한, 즉각적인, 사교적인, 힘찬, 유머러스한, 건설적인, 자신감 있는, 충동적인

오렌지색의 단점: 생기 없는, 우울한, 망설이는, 의기소침한, 소심한, 신중한, 신중한, 고독한, 엄숙한, 지친, 파괴적인, 두려워하는, 통제된

노란색의 장점: 합리적인, 논리적인, 지적인, 가벼운, 낙천적인, 명확한, 밝은, 관대한, 용서하는, 행복한, 질서 정연한, 안심하는

노란색의 단점: 비합리적인, 비논리적인, 멍청한, 무거운, 비관적인, 불명확한, 어두운, 악의적인, 양심 깊은, 슬픈, 어지러운, 초조한

마젠트색의 장점: 친절한, 지지하는, 사려 깊은, 다행스러운, 동정하는, 성숙한, 사랑하는, 진실한, 도움이 되는, 자연스러운, 커다란

마젠트색의 단점- 불친절한, 반대하는, 이기적인, 고통스러운, 무자비한, 미성숙한, 냉담한, 인위적인, 쓸모없는, 오만한, 작은

15)

- 변화와 회전율이 빠른 카드이다. 매력적인 사람이다.
- 이상이 높다. 욕심을 드러낸다. 무엇인가에게 흥분하고 있는 모습이다.
- 뒤를 돌아본다. 너무 빨리 달렸는지 뒤가 따라오고 있는가 확인한다.

오렌지색의 장점: 원기왕성한, 쾌활한, 자발적인, 생기발랄함, 용감한, 즉각적인, 사교적인, 힘찬, 유머러스한, 건설적인, 자신감 있는, 충동적인

오렌지색의 단점: 생기 없는, 우울한, 망설이는, 의기소침한, 소심한, 신중한, 신중한, 고독한, 엄숙한, 지친, 파괴적인, 두려워하는, 통제된

노란색의 장점: 합리적인, 논리적인, 지적인, 가벼운, 낙천적인, 명확한, 밝은, 관대한, 용서하는, 행복한, 질서 정연한, 안심하는

노란색의 단점: 비합리적인, 비논리적인, 멍청한, 무거운, 비관적인, 불명확한, 어두운, 악의적인, 앙심 깊은, 슬픈, 어지러운, 초조한

청록색의 장점: 반짝이는, 젊은, 상상력이 풍부한, 차분한, 변화 가능한, 깨끗한, 예민한, 변화하는, 올라가는, 확실한, 명백한, 승리하는

청록색의 단점: 둔탁한, 늙은, 꽉 막힌, 산만한, 고정된, 해로운, 둔감한, 변하지 않는, 처지는, 불확실한, 혼란스러운, 실패하는

16)

  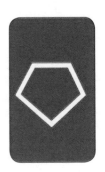

- 이상이 높다. 트라우마 카드가 될 수 있다.
- 자신의 모습을 안정시키다. 깨우치다.
- 우울증이다. 여성성이 너무 강하다.

노란색의 장점:	합리적인, 논리적인, 지적인, 가벼운, 낙천적인, 명확한, 밝은, 관대한, 용서하는, 행복한, 질서 정연한, 안심하는
노란색의 단점:	비합리적인, 비논리적인, 멍청한, 무거운, 비관적인, 불명확한, 어두운, 악의적인, 앙심 깊은, 슬픈, 어지러운, 초조한
초록색의 장점:	균형, 효율적인, 체계적인, 공평한, 감사하는, 성실한, 안정된, 조화로운, 보호하는, 자유로운, 만족하는
초록색의 단점:	불균형, 비효율적인, 불규칙적인, 불공평한, 불성실한, 다투는, 위협적인, 이기적인, 갇힌, 불안정한, 질투하는
보라색의 장점:	함께, 귀중한, 존경할만한, 직관적인, 인정하는, 드러나는, 아름다운, 자신감 있는, 마음이 트인, 견고한, 감탄스러운
보라색의 단점:	혼자, 가치 없는, 우스꽝스러운, 조심스러운, 부인하는, 숨겨진, 매력 없는, 초라한, 편협한, 무른, 수치스러운

17)

- 이상이 높다. 트라우마 카드가 될 수 있다.
- 자신의 모습을 안정시키다. 깨우치다.
- 침착해진다. 주위를 살펴본다. 자신의 위치를 확인하고 있다.

노란색의 장점: 합리적인, 논리적인, 지적인, 가벼운, 낙천적인, 명확한, 밝은, 관대한, 용서하는, 행복한, 질서 정연한, 안심하는

노란색의 단점: 비합리적인, 비논리적인, 멍청한, 무거운, 비관적인, 불명확한, 어두운, 악의적인, 앙심 깊은, 슬픈, 어지러운, 초조한

초록색의 장점: 균형, 효율적인, 체계적인, 공평한, 감사하는, 성실한, 안정된, 조화로운, 보호하는, 자유로운, 만족하는

초록색의 단점: 불균형, 비효율적인, 불규칙적인, 불공평한, 불성실한, 다투는, 위협적인, 이기적인, 갇힌, 불안정한, 질투하는

청록색의 장점: 반짝이는, 젊은, 상상력이 풍부한, 차분한, 변화 가능한, 깨끗한, 예민한, 변화하는, 올라가는, 확실한, 명백한, 승리하는

청록색의 단점: 둔탁한, 늙은, 꽉 막힌, 산만한, 고정된, 해로운, 둔감한, 변하지 않는, 처지는, 불확실한, 혼란스러운, 실패하는

18)

- 이상이 높다. 트라우마 카드가 될 수 있다.
- 자신의 모습을 안정시키다. 깨우치다.
- 이상을 표현한다. 표출한다. 기회다. 도전하라, 이룰 것이다.

노란색의 장점:	합리적인, 논리적인, 지적인, 가벼운, 낙천적인, 명확한, 밝은, 관대한, 용서하는, 행복한, 질서 정연한, 안심하는
노란색의 단점:	비합리적인, 비논리적인, 멍청한, 무거운, 비관적인, 불명확한, 어두운, 악의적인, 양심 깊은, 슬픈, 어지러운, 초조한
초록색의 장점:	균형, 효율적인, 체계적인, 공평한, 감사하는, 성실한, 안정된, 조화로운, 보호하는, 자유로운, 만족하는
초록색의 단점:	불균형, 비효율적인, 불규칙적인, 불공평한, 불성실한, 다투는, 위협적인, 이기적인, 갇힌, 불안정한, 질투하는
마젠트색의 장점:	친절한, 지지하는, 사려 깊은, 다행스러운, 동정하는, 성숙한, 사랑하는, 진실한, 도움이 되는, 자연스러운, 커다란
마젠트색의 단점:	불친절한, 반대하는, 이기적인, 고통스러운, 무자비한, 미성숙한, 냉담한, 인위적인, 쓸모없는, 오만한, 작은

19)

- 변화와 회전율이 빠른 카드이다. 매력적인 사람이다.
- 이상이 높다. 욕심을 드러낸다. 무엇인가에게 흥분하고 있는 모습이다.
- 냉정해지고 있다. 유(有)에서 무(無)로 돌아간다.

오렌지색의 장점: 원기왕성한, 쾌활한, 자발적인, 생기발랄함, 용감한, 즉각적인, 사교적인, 힘찬, 유머러스한, 건설적인, 자신감 있는, 충동적인

오렌지색의 단점: 생기 없는, 우울한, 망설이는, 의기소침한, 소심한, 신중한, 신중한, 고독한, 엄숙한, 지친, 파괴적인, 두려워하는, 통제된

노란색의 장점: 합리적인, 논리적인, 지적인, 가벼운, 낙천적인, 명확한, 밝은, 관대한, 용서하는, 행복한, 질서 정연한, 안심하는

노란색의 단점: 비합리적인, 비논리적인, 멍청한, 무거운, 비관적인, 불명확한, 어두운, 악의적인, 양심 깊은, 슬픈, 어지러운, 초조한

청색의 장점: 평화로운, 평온한, 수동적인, 믿음직한, 의지할 만한, 합쳐진, 수용, 유연한, 확고부동한, 기쁜, 걱정 없는

청색의 단점: 의견충돌, 동요하는, 적극적인, 의심스러운, 못미더운, 고립된, 도피, 경직된, 물러나는, 우울한, 불안한

20)

- 변화와 회전율이 빠른 카드이다. 매력적인 사람이다.
- 이상이 높다. 욕심을 드러낸다. 무엇인가에게 흥분하고 있는 모습이다.
- 안전하다. 언제 그랬던지 갑자기 식고 있다.
- 안전일까? 아님 또다른 도피처일까?

오렌지색의 장점: 원기왕성한, 쾌활한, 자발적인, 생기발랄함, 용감한, 즉각적
인, 사교적인, 힘찬, 유머러스한, 건설적인, 자신감 있는, 충동
적인

오렌지색의 단점: 생기 없는, 우울한, 망설이는, 의기소침한, 소심한, 신중한, 신
중한, 고독한, 엄숙한, 지친, 파괴적인, 두려워하는, 통제된

노란색의 장점: 합리적인, 논리적인, 지적인, 가벼운, 낙천적인, 명확한, 밝은,
관대한, 용서하는, 행복한, 질서 정연한, 안심하는

노란색의 단점: 비합리적인, 비논리적인, 멍청한, 무거운, 비관적인, 불명확
한, 어두운, 악의적인, 양심 깊은, 슬픈, 어지러운, 초조한

초록색의 장점: 균형, 효율적인, 체계적인, 공평한, 감사하는, 성실한, 안정된,
조화로운, 보호하는, 자유로운, 만족하는

초록색의 단점: 불균형, 비효율적인, 불규칙적인, 불공평한, 불성실한, 다투
는, 위협적인, 이기적인, 갇힌, 불안정한, 질투하는

21)

- 변화와 회전율이 빠른 카드이다. 매력적인 사람이다.
- 이상이 높다. 욕심을 드러낸다. 무엇인가에게 흥분하고 있는 모습이다.
- 야욕이 현실로 이뤄지는 모습이다.

오렌지색의 장점: 원기왕성한, 쾌활한, 자발적인, 생기발랄함, 용감한, 즉각적인, 사교적인, 힘찬, 유머러스한, 건설적인, 자신감 있는, 충동적인

오렌지색의 단점: 생기 없는, 우울한, 망설이는, 의기소침한, 소심한, 신중한, 신중한, 고독한, 엄숙한, 지친, 파괴적인, 두려워하는, 통제된

노란색의 장점: 합리적인, 논리적인, 지적인, 가벼운, 낙천적인, 명확한, 밝은, 관대한, 용서하는, 행복한, 질서 정연한, 안심하는)

노란색의 단점: 비합리적인, 비논리적인, 멍청한, 무거운, 비관적인, 불명확한, 어두운, 악의적인, 양심 깊은, 슬픈, 어지러운, 초조한)

보라색의 장점:: 함께, 귀중한, 존경할만한, 직관적인, 인정하는, 드러나는, 아름다운, 자신감 있는, 마음이 트인, 견고한, 감탄스러운)

보라색의 단점: 혼자, 가치 없는, 우스꽝스러운, 조심스러운, 부인하는, 숨겨진, 매력 없는, 초라한, 편협한, 무른, 수치스러운)

22)

- 이상이 높다. 트라우마 카드가 될 수 있다.
- 자신의 모습을 안정시키다. 깨우치다.
- 다시 도전하는 모습이다.

노란색의 장점:	합리적인, 논리적인, 지적인, 가벼운, 낙천적인, 명확한, 밝은, 관대한, 용서하는, 행복한, 질서 정연한, 안심하는
노란색의 단점:	비합리적인, 비논리적인, 멍청한, 무거운, 비관적인, 불명확한, 어두운, 악의적인, 앙심 깊은, 슬픈, 어지러운, 초조한
초록색의 장점:	균형, 효율적인, 체계적인, 공평한, 감사하는, 성실한, 안정된, 조화로운, 보호하는, 자유로운, 만족하는
초록색의 단점:	불균형, 비효율적인, 불규칙적인, 불공평한, 불성실한, 다투는, 위협적인, 이기적인, 갇힌, 불안정한, 질투하는
마젠트색의 장점:	친절한, 지지하는, 사려 깊은, 다행스러운, 동정하는, 성숙한, 사랑하는, 진실한, 도움이 되는, 자연스러운, 커다란
마젠트색의 단점:	불친절한, 반대하는, 이기적인, 고통스러운, 무자비한, 미성숙한, 냉담한, 인위적인, 쓸모없는, 오만한, 작은

23)

- 이상이 높다. 트라우마 카드가 될 수 있다.
- 자신의 모습을 안정시키다. 깨우치다.
- 쉬는 모습이다. 시간이 더 필요하다.

노란색의 장점:　합리적인, 논리적인, 지적인, 가벼운, 낙천적인, 명확한, 밝은, 관대한, 용서하는, 행복한, 질서 정연한, 안심하는

노란색의 단점:　비합리적인, 비논리적인, 멍청한, 무거운, 비관적인, 불명확한, 어두운, 악의적인, 앙심 깊은, 슬픈, 어지러운, 초조한

초록색의 장점:　균형, 효율적인, 체계적인, 공평한, 감사하는, 성실한, 안정된, 조화로운, 보호하는, 자유로운, 만족하는

초록색의 단점:　불균형, 비효율적인, 불규칙적인, 불공평한, 불성실한, 다투는, 위협적인, 이기적인, 갇힌, 불안정한, 질투하는

청색의 장점:　평화로운, 평온한, 수동적인, 믿음직한, 의지할 만한, 합쳐진, 수용, 유연한, 확고부동한, 기쁜, 걱정 없는

청색의 단점:　의견충돌, 동요하는, 적극적인, 의심스러운, 못미더운, 고립된, 도피, 경직된, 물러나는, 우울한, 불안한

- 고지식한 카드이다. 융통성이 없어 보인다.
- 융통성을 부리고는 있다. 변화가 보인다. 한계는 분명히 있어 보인다.
- 급격히 위축하는 것 같다. 자신감이 없어 보인다.
- 안정을 중시해서 밑에 두고 비상하는 느낌이라 할까. 미쳐야 성공하는데.

빨강색의 장점:	따뜻한, 강한, 참아내는, 활기찬, 결연한, 실용적인, 정열적인, 지도적인, 활동적인, 주도하는, 참여적인
빨강색의 단점:	차가운, 연약한, 화난, 피곤한, 의지가 약한, 불친절한, 무딘, 비실용적인, 복종하는, 나태한, 순종적인, 무관심한
오렌지색의 장점:	원기왕성한, 쾌활한, 자발적인, 생기발랄함, 용감한, 즉각적인, 사교적인, 힘찬, 유머러스한, 건설적인, 자신감 있는, 충동적인
오렌지색의 단점:	생기 없는, 우울한, 망설이는, 의기소침한, 소심한, 신중한, 신중한, 고독한, 엄숙한, 지친, 파괴적인, 두려워하는, 통제된
청록색의 장점:	반짝이는, 젊은, 상상력이 풍부한, 차분한, 변화 가능한, 깨끗한, 예민한, 변화하는, 올라가는, 확실한, 명백한, 승리하는
청록색의 단점:	둔탁한, 늙은, 꽉 막힌, 산만한, 고정된, 해로운, 둔감한, 변하지 않는, 쳐지는, 불확실한, 혼란스러운, 실패하는

1. 엄마도 모르는 내 아이의 심리

❾ 조정자   ❶ 개혁가   ❷ 조력자

❸ 성취자   ❹ 개인주의자   ❺ 탐구자

❻ 충실한 사랑   ❼ 열정가   ❽ 도전자

2. 인간의 성격의 유형

1) 가슴(마음) 형   ① 나르시스적인 감성.

                         ② 관심, 동의, 자존심, 감정의 흐름.

2) 장(에너지) 형   ① 분노, 본능과 습관.

                         ② 진지함, 용감함, 객관적, 공격적.

3) 머리(두뇌) 형   ① 불안이나 두려움과 같은 공포의 감정.

                         ② 미래에 대한 가치.

3. 본능형, 사고형, 감정형

1) 장 에너지와 두뇌형이다.

⑧ 마젠트색	(+) 정수리 차크라,	장 에너지(도전자)
⑨ 핑크색	(+) 깨달음 차크라,	장 에너지(조정자)
① 빨간색	(+) 베이스 차크라,	장 에너지(개혁가)

2) 가슴과 장 에너지 형이다.

② 주황색	(+) 비장 차크라,	가슴 에너지(조력자)
③ 노란색	(+) 명치 차크라,	가슴 에너지(성취자)
④ 초록색	(-) 심장 차크라,	가슴 에너지(개인주의자)

3) 두뇌형과 가슴에너지이다.

가) 가슴(마음) 형   2 - 3 - 4
나) 머리(두뇌) 형   5 - 6 - 7
다) 장(에너지) 형   8 - 9 - 1

애니어 그램 3가지 중심의 특징

구분	머리	가슴	장
의식기관	뇌	심장, 피순환계	위, 식도, 창자
체격	왜소하고, 작다	중간이다	통뼈 크다
얼굴	냉정하다, 길쭉하다	따뜻하다. 둥그란 계란형이다.	엄하다, 우락부락하다. 광대뼈
감정	공포, 두려움(수치심) (안전에 대해)	불안, 걱정(수치심) (인관 관계에서 오는)	분노 (뜻대로 되지 않을 때)
관심사	계획	사람	일
일할 때	논리적,합리적 (내가 해야 되나)	내가 좋아하는 사람인가	자기의지
말투	합리적, 논리적 간단명료하다.	주변 상황 설명이 길다.	단도직입, 명령적이다.
욕망	명예욕	애욕	지배욕
급한 상황에서	물러서서 관찰(생각먼 저)	허둥지둥 (인관관계에 의해서)	몸을 던져 뛰어든다 (행동먼저)
성격	내성적 (생각하는 세계는 크고 행동은 별로 안한다.)	외향적 (활동은 많이 하고 생각은 적게 한다.)	내-외향적
극복방법	타인에게 자신을 말한다.	혼자 있는 시간을 가져라	분노를 들여다 본다.
영성	눈으로 보면서 한다.	명상	참선

(주혜명, 애니어그램 지혜, 2007, pp.67~93, Riso & Hudson에서 재구성)

학자에 따른 애니어그램 성격 유형 명칭

학자 · 유형	윤운성 (2001)	Riso& Hudson (1999)	Palmer& Brown (1997)	Hurley& Dodson (1991)	Baron& Wagele (1995)	Wagner (1996)
1	개혁가	개혁가	완벽주ㅈ의자	성취자	완벽주의자	좋은
2	조력가	조력자	주는사람	조력자	조력자	사랑하는
3	성취자	성취자	성취자	성공자	성취자	효과적인
4	예술가	개인주의자	낭만주의자	개인주의자	낭만주의자	독창적인
5	사색가	탐구자	관찰자	관찰자	관찰자	현명한
6	충성가	충실한 사람	충성스러운 회의주의자	보호자	질문자	충성스러운
7	낙천가	열정가	향락주의자	몽상가	모험가	기쁜
8	지도자	도전자	우두머리	대결가	주장자	힘있는
9	조정자	조정자	중계자	보호주의자	조정자	평화로운

출처 : 이광자(2002), 애니어그램의 정신간호적용에 관한 연구, 정신간호학회지 p.289에서 재구성(윤형준 2004 재인용)

1. 개혁가

(+) 베이스 차크라, 장(에너지) 형이다.

- 완벽주의자

- 개혁운동가, 도덕주의자

- 옳은 방식, 가장 좋은 접근법, 올바른 답

- 긴장되는 날이 많고, 돈과 사람에 대하여 잔뜩 신경 쓸 일이 많아진다.

● 우유부단으로 진퇴(進退)의 자유가 분명치 않다.

● 목표의 중심이 없어 배가 산으로 간다. 한 방향으로 향하는 모습이 아니다.
  목표의 중심을 여러 방향으로 잡아 복잡하기 때문에 일의 결정이 늦어진다.

● 이해득실(利害得失)만 생각하며 고심할 따름이다.

● 일이 복잡해진다.

● 준비단계가 많아져서 이리저리 눈치만 살피는 격이다.

● 욕심이 많아져서 사리와 분수에 맞지 않는 일을 추진한다.

● 귀중한 돈과 시간을 낭비한다.

● 건강에 문제가 생기고 명예마저 잃을 수 있다.

● 말썽과 구설뿐 아니라 법정소송(法廷訴訟) 문제까지 대두되는 불길한 운이다.

● 사랑하는 사람과의 이별이 염려된다.

● 자금의 유동성에 문제가 생겨서 낭패를 본다.

● 부족, 부상, 다툼, 화재, 도둑, 사기 등 난사(難事)가 있을 수 있다.

● 업무의 성과는 오리무중(五里霧中)이다.

● 중요한 사람과 의견은 같이하지만 결과의 마무리가 없다.

● 주위에 불필요한 사람 많아진다.

● 필요 없는 경비(經費)가 많이 지출된다.

○ 교육자 스타일이다. 안정적이다. 고지식하여 전통적인 것을 추구하고 답습하는 일을 좋아한다. 익숙한 것을 좋아하고, 새로운 도전을 힘들어한다.

○ 정확한 스타일의 소유자다. 매사에 실수를 하지 않는다. 완벽추구형이다.

○ 흐트러진 것을 병적으로 싫어한다. 정리정돈형이다.

○ 몸을 부지런하게 움직여야 목적을 가질 수 있다. 개인주의형이다. 곧고 정확해서 융통성이 부족하다. 위험한 행동을 싫어한다.

○ 현재 상태에 빨간색 카드가 나왔다면 무언가에 빠져 있거나 바쁜 상태이다. 실패하는 것을 병적으로 싫어한다.

○ 따뜻한, 강한, 참아내는, 활기찬, 결연한, 실용적인, 정열적인, 지도적인, 활동적인, 주도하는, 참여적 관리형, 재무, 총무, 공무원 스타일 등을 나타낸다.

1) Character(성격)

당신은 업무에서 완벽주의자이다. 새로운 일에 도전보다는 익숙한 일을 좋아한다.

① 긍정적인

따뜻한, 강한, 참아내는, 활기찬, 결연한, 친절한, 실용적인, 정열적인, 지도적인, 활동적인, 주도하는, 참여적인

② 부정적인

　차가운, 연약한, 화난, 피곤한, 의지가 약한, 불친절한, 비실용
　적인, 무딘, 복종하는, 나태한, 순종적인, 무관심한

2) Love(사랑)

정열적이며 추진력 있는 사랑을 하는 스타일이다.
실용적이고 책임감이 있으며 행동할 때 지도력이 있다.

3) Career(직업)

리더, 정치인, 사업가, 매스컴 관련 직업

4) Finance(금전)

정확하다. 신용주의자이다.

5) Relationship(인간관계)

정열적이고 솔직담백하다. 강한 성적인 관능과 연결될 수 있다.

6) Fitness(건강)

불

2. 조력자

(+) 비장 차크라, 가슴과 장 에너지 형이다.

- 베푸는 사람, 돌봐주는 사람, 촉진자
- 조언과 지원
- 목표가 정해지면 계획된 프로그램에 따라 활발한 활동을 한다.
- 새로운 시작의 의미가 이어진다.

● 변화가 시작되었다.

● 진출과 이동이 순조롭다.

● 반사(反射)되는 이익도 많아진다.

● 운의 기운이 상승으로 좋아지고 있다.

● 신규사업(新規事業)의 운은 최고의 시점이다.

● 부동산, 금융 등의 투자 기회가 주어진다.

● 부진했던 재판에서 이기고, 잃었던 건강 또한 회복될 수 있는 최고의 운이다.

● 다양한 시험을 비롯해 중대한 국가고시에도 합격할 수 있는 운이다.

● 사업이 확장되고 번창하는 시기의 운이다.

● 해외로 진출할 수 있는, 새로운 보직과 이동의 시기이다.

- 승진 기회를 엿볼 수 있는 시기이다.
- 새로운 사업의 확장, 이사, 변동, 변화가 모색되는 새로운 출발의 기승(氣勝), 기점(起點)이다.

○ 매력적인 스타일이다. 강하면서 부드럽다. 유쾌하다. 하지만 산만하기도 하다.
○ 남자일 경우는 외유내강의 스타일이다. 여자인 경우는 보이시한 개성의 소유자이다.
○ 현재 상태에 주황색 카드가 나왔다면 일을 시작해서 정리가 안 된 상태이다.
○ 쓸데없이 바쁘고 산만하다. 지적이다. 아니, 자기 자신을 똑똑한 줄 알고 있다. 자신이 세상의 중심이다. 회전률이 높아 금방 싫증을 낼 수 있다. 변화와 회전율이 빠른 카드이다.
○ 매력적인 사람이다. 처음이 강하고, 마무리는 부족하다. 영업력은 강하다.

1) Character(성격)
　① 긍정적인
　　원기왕성한, 쾌활한, 자발적인, 생기발랄한, 용감함, 즉각적인, 사교적인, 유머러스한, 힘찬, 건설적인, 자신감 있는, 충동적인
　② 부정적인
　　생기 없는, 우울한, 망설이는, 의기소침한, 소심한, 신중한, 고독한, 엄숙한, 지친, 파괴적인, 두려워하는, 통제된

2) Love(사랑)
매력적인 스타일이다.
강하면서 부드럽다.
유쾌하다.
자신감으로 사교적인 사람이다.
즐거움과 유머 감각이 있다.

3) Career(직업)

　　스포츠 관련, 건축가, 디자이너, 개그맨

4) Finance(금전)

　　유통이 잘 된다.

5) Relationship(인간관계)

　　대화와 유머를 자극하는 성질이 있다.

6) Fitness(건강)

　　저녁노을

3. 성취자

(+) 명치 차크라, 가슴(마음) 형이다.

  - 성취하는 사람, 실행하는 사람, 성공자, 주도적인 사람

  - 자신감, 긍정성, 성공과 같은 긍정적 이미지

  - 사람과 재물의 이동(移動)에 손해(損害)가 있다.

● 일을 무모하게 추진하여 스스로 함정에 빠지는 불길(不吉)한 운이다.

● 어두운 그림자가 명조(命條)에 드리운다.

● 모든 행위가 기름을 지고 불길 속으로 향해 달려가는 모습과 같다. 즉 자살행위(自殺行爲)이다. 불가불 남의 보증을 선다든가, 기약 없는 소송을 제기한다.

● 돈, 건강, 가정을 일시에 파산시키는 도박, 음주운전, 마약 등에 손을 댄다. 신명(身命)을 크게 상(傷)하게 하는 황음무도(荒淫無道)에 빠지기도 한다.

● 유혹에 넘어가 범죄에 손을 대고 마침내 구속되어 돌아올 수 없는 강을 건넌다.

● 가족이나 평소에 좋은 관계를 유지하던 사람들과의 심각한 다툼이 생긴다. 결별(訣別)의 운이다.

● 건강까지 악화될 수 있는 최악(最惡)의 운이다.

● 약한 명조(命條)의 운으로 들어올 때 그 강(强)과 약(弱)의 정도는 다소 차
이는 있겠으나 통상으로 좋지 않은 운기(運氣)가 작용한다.

○ 이상이 높은 사람이다. 화려함이 잘 어울린다.

○ 과거 상태의 노란색 카드는 트라우마를 상징하는 카드이기도 하다.

○ 현재 상태의 노란색은 성공한 사람이다.

○ 리드하고 싶은 심리의 소유자이기도 하다. 리더이다. 리더이고 싶다. 미적인
감각이 뛰어나니 다른 사람과 생각의 차이가 있을 수 있다.

○ 현재 상태의 카드가 노랑이면 앞서 나가는 형태이니 항시 뒤를 돌아봐야 한다.

○ 운의 기운은 상승이다. 마음이 솔직하고 담백하다. 직선적이다. 나아가려는
심리가 강하다. 뒤를 돌아보기는 싫다.

○ 가벼운, 낙천적인, 명확한, 밝은, 관대한, 용서하는, 행복한 등을 나타낸다.

1) Character(성격)

① 긍정적인

합리적인, 논리적인, 지적인, 가벼운, 낙천적인, 명확한, 밝은,
관대한, 용서하는, 행복한, 질서 정연한, 안심하는

② 부정적인

비합리적인, 비논리적인, 멍청한, 무거운, 비관적인, 불명확한,
어두운, 악의적인, 앙심 깊은, 슬픈, 어지러운, 초조한

2) Love(사랑)

명확하게 표현 할 수 있고 더 지적인 사람이 된다.

낙천적인 성향과 솔직함을 지닌다.

빛과 행복을 느낀다.

3) Career(직업)

영업직, 개그맨, 카운슬러, 컨설턴트

4) Relationship(인간관계)

긍정적이고 낙천적인 자질을 불러내는 경향이 있다.

5) Fitness(건강)

해바라기

4. 개인주의자

(-) 심장 차크라, 가슴(마음) 형이다.

- 비극적 낭만주의자, 예술가, 심미적인 사람

- 감정의 극단을 경험하며 사는 경험, 우울, 지나친 활동

- 답답하게 막혀 있던 것들이 하나하나 뚫리고 풀린다.

- 대차고 큰 것은 아니지만 소망하던 일들이 이루어져 기쁨을 가져온다.

● 돈의 회전이 큰 것은 아니지만 어느 정도 숨통이 트이거나 여유가 생긴다.

● 찌푸려진 얼굴을 펴게 하여 모처럼 웃음소리가 들리는 운이다.

● 가정적으로는 결혼과 같은 경사(慶事)가 있다. 임신(姙娠)과 같은 큰 기쁨
이 따른다. 자녀의 출생도 순산(順産)이다.

● 청춘남녀(青春男女)는 사랑에 감싸여 떨어질 줄 모른다.

● 강산(江山)은 환희(歡喜)로 덮여 있다.

● 비밀스러운 기쁨도 생겨난다.

● 인생의 자랑스러운 일도 생긴다.

● 그야말로 금상첨화(錦上添花)의 격(格)이다.

○ 착하다. 순하다. 하지만 게으르다. 속을 드러내는 형이라기보다는 감추는 형이다.

○ 주위의 환경에 적응해서 나가려고 한다. 어떨 때는 답답하다.

○ 질서를 지키는 모습이다. 자신의 모습을 안정시키다. 안정과 평화를 추구한다.

○ 현재 상태의 카드가 초록이면 편안한 상태이다. (+) (-)

○ 함정에 빠져 있어서 슬럼프가 오거나 피곤할 수 있다.

○ 두뇌를 지나치게 쓸 때 (-) (-)

○ 원만한 성격의 소유자이다. 좋은 게 좋다. 약간은 우유부단형이다.

○ 균형, 효율적인, 체계적인, 공평한, 감사하는, 성실한, 안정된, 조화로운, 보호하는, 자유로운, 만족하는 모습 등을 나타낸다.

1) Character(성격)

① 긍정적인

균형, 효율적인, 체계적인, 공평한, 감사하는, 성실한, 조화로운, 보호하는, 함께하는, 자유로운, 안정된, 만족하는

② 부정적인

불균형, 비효율적인, 불규칙적인, 불공평한, 고마운 줄 모르는, 불성실한, 다투는, 위협적인, 이기적인, 갇힌, 불안정한, 질투하는

2) Love(사랑)

감정에 솔직하다.

안전하고 보호받는 느낌을 갖는다.

언제나 균형을 유지하여 차분해 질 수 있다.

3) Career(직업)

의사, 과학자, 문학가, 시민, 여행자, 교육자, 행동가, 레져, 스포츠 강사

4) Relationship(인간관계)

자연이 발산하는 안정감을 즐긴다.

5) Fitness(건강)

풀밭

5. 탐구자

(-) 흉선 차크라, 두뇌와 가슴에너지 형이다.

- 관찰자, 은둔자, 사상가, 탐구자
- 사상에 입각해서 판단, 정보를 다루는 것을 즐김, 은둔을 위한 안식처
- 목적달성의 운을 가진다.
- 기다렸던 변동이 마침내 실현된다.

● 목표도 달성하여 거칠 것이 없는 만족 최고의 운이다.

● 정치(政治), 경제(經濟), 사회(社會)적으로 고루 발돋움할 수 있는 강력(強力)한 대운(大運)이다. 대사(大事)를 필히 성취하는 가장 큰 대복록(大福祿)의 운이다.

● 수입을 비롯해서 재산증식, 부동산, 매매, 사업의 확장, 당선, 합격, 문제해결, 승진, 승소, 결혼, 이사, 전출, 신장개업, 유학, 승리 등을 암시(暗示)하는 보기 드문 길상의 운이다.

● 조심해야 될 것은 병약자(病弱者)의 경우 위태로워질 수 있다는 것이다. 심지어는 명암(明暗)이 지척(咫尺)이 될 수도 있다.

○ 자기 자신의 눈치를 본다. 예민하다. 무언가 감추는 느낌이다. 감(feel)이 좋다.

○ 뒤를 자주 돌아본다. 너무 빨리 달렸는지, 누가 뒤를 따라오고 있는지 항상 확인한다.

○ 눈치가 빠르다. 속을 드러내지 않는다. 상대의 행동이나 말을 경청한 다음 판단하고 행동한다. 전체적으로는 남을 믿는 사람이 아니다. 자존감이 강한 사람이다. 아이큐가 높은 지적인 사람이다.

○ 현재 상태에 청록색 카드가 나왔다면 운은 하락형이거나 쉬어가는 형태이다.

○ 상상력이 풍부한, 차분한, 변화 가능한, 깨끗한, 예민한, 변화하는, 올라가는, 확실한, 명백한 모습 등을 나타낸다.

1) Character(성격)
① 긍정적인
반짝이는, 젊은, 상상력이 풍부한, 차분한, 변화 가능한, 깨끗한, 예민한, 변화하는, 올라가는, 확실한, 명백한, 승리하는
② 부정적인
둔탁한, 늙은, 꽉 막힌, 산만한, 고정된, 해로운, 둔감한, 변하지 않는, 처지는, 불확실한, 혼란스러운, 실패하는

2) Love(사랑)
활기찬 천성을 인식한다.
젊음과 건강을 경험한다.
값진 도움을 줄 수 있다는 점도 깨닫는다.

3) Career(직업)
철학자, 은둔자, 사상가, 탐구자

4) Relationship(인간관계)
젊음과 화사함을 지닌 사람으로 보이고 싶다.

5) Fitness(건강)
폭포

6. 충실한 사람

(-) 갑상선 차크라. 머리(두뇌) 형이다.

- 문제 제기자, 충성가, 의심이 많은 사람, 회의적인 사람
- 풍부한 상상력, 부정적 상상력. 결정, 계획, 행동이 잘못될 가능성
- 새로움과 변동(變動), 변화(變化)를 암시(暗示)한다.

- 엄동(嚴冬)을 이긴 따스한 봄날(春日)과 같다.
- 생성(生盛)과 화락(化樂)으로 돕는다.
- 깨끗함과 아름다움의 극치를 이루었다.
- 생사(生死)의 영역까지도 넘나들었다.
- 결혼, 상봉, 잔치, 단장, 연애, 이사, 이동, 신분상승, 합격, 입사, 여행, 취미생활 등 상서(祥瑞)의 운이다. 동시(同時)에 애증(愛憎)을 넘어 끝없는 포기(抛棄)를 전제로 하는 입산수도(入山修道) 내지 철학적 삶의 형태를 취한다.
- 걸인연천(乞人憐天) 격(格)이 되어 한(限)을 남길 수 있다.
- 병인(病人), 노약자(老弱者) 등은 명부(冥府)의 심판을 받을 수도 있다.

○ 잘생겼다. 자존감의 상승이다. 자기 자신이 최고다.

○ 속을 알 수 없다. 억압이나 강박감을 노출시키지 않는다. 표현하지 않는 바다와 같다.

○ 머리 회전률이 뛰어난 대표적인 기획형이다.

○ 경영능력이 있다. 시작하는 일은 반드시 성공시킨다. 인맥관리를 잘한다. 과감한 행동력을 발휘한다.

○ 정적인 스타일이다. 자기 자신이 똑똑하고 항상 바르다고 생각한다.

○ 현재 상태의 카드가 청색이 나왔다면 평화로운 상태이거나 수동적인 상태이다.

○ 두뇌를 많이 회전해야 되는 경우이다.

○ 평온한, 수동적인, 믿음직한, 의지할 만한, 합쳐진, 수용, 유연한, 기쁜, 걱정 없는 모습 등을 나타낸다.

1) Character(성격)
　① 긍정적인
　　평화로운, 평온한, 수동적인, 믿음직한, 의지할 만한, 합쳐진,
　　수용, 유연한, 확고부동한, 기쁜, 걱정 없는
　② 부정적인
　　의견 충돌, 동요하는, 적극적인, 의심스러운, 못미더운, 고립된,
　　도피, 경직된, 물러나는, 우울한, 불안한

2) Love(사랑)
평화와 평온함을 얻는다.

3) Career(직업)
기업경영자, 사업가, 교육자, 정치가, 예술가, 비즈니스맨

4) Relationship(인간관계)

충성과 정직을 소중한 가치로 여긴다.

5) Fitness(건강)

바다

7. 열정가

(-) 제3의 눈 차크라, 머리(두뇌) 형이다.

- 쾌락주의자, 팔방미인, 낙천가, 몽상가, 심미주의자.

- 갑갑함을 느끼고 불안해한다.

- 활력과 열정이 있으며 낙천적이다.

- 전도(前道) 불분명(不分明)하다.

● 불안정한 운수(運數)가 되었다.

● 일의 가닥을 잡지 못하고 우왕좌왕(右往左往)한다.

● 고심(苦心)의 시기(時期)이다.

● 비색(否塞)의 명조(命條)라면 재액(災厄)이 넘쳐 일신(一身)이 감당키 어렵다.

● 강력한 매매성(賣買性)의 운을 갖는다.

● 배우자의 가출, 부도, 구속, 실직, 병세악화, 시험실패, 문서사기, 교통사고, 관재구설, 가족불화, 경제궁핍 등의 암시가 짙다.

● 길(吉)한 가운데서도 왠지 모르게 어두운 그림자가 드리워진다.

● 활발치 못한 것이 일반적이다.

○ 분위기가 부드럽다. 클래식하다. 남자면 여성스럽다. 여성이면 아름답다.

○ 성격은 까다롭지만 감수성이 풍부하다. 다른 사람들과 같은 걸 싫어한다.

○ 개성이 강한 예술가 타입이다. 문화에 흥미를 가진다.

○ 위엄 있는 높은 자리를 좋아한다.

○ 보라색은 품위 있는 고상함과 함께 외로움과 슬픔을 느끼게 한다. 중성색인 보라색은 주로 예술성과 신앙심을 자아내며, 푸른 기운이 많은 보라는 장엄함, 위엄 등의 깊은 느낌을 주고, 붉은색 기운이 많은 보라는 여성적, 화려함 등을 나타낸다.

○ 심리적으로 보라는 쇼크나 두려움을 해소하고, 불안한 마음을 정화시키는 작용이 있다.

○ 귀중한, 존경할 만한, 직관적인, 인정하는, 드러나는, 아름다운, 자신감 있는, 마음이 트인, 견고한, 감탄스러운 모습 등을 나타낸다.

1) Character(성격)

① 긍정적인

함께, 귀중한, 존경할 만한, 직관적인, 인정하는, 드러나는, 아름다운, 자신감 있는 마음이 트인, 견고한, 감탄스러운, 정숙한

② 부정적인

혼자, 가치 없는, 우스꽝스러운, 조심스러운, 부인하는, 숨겨진, 매력 없는, 초라한, 편협한, 무른, 수치스러운, 허영

2) Love(사랑)

인정받고 존경받을 자격이 있는 것을 안다.

3) Career(직업)

배우, 예술가, 디자이너, 화가

4) Relationship(인간관계)

창의적이고 정신적인 면을 추구하는 자질

5) Fitness(건강)

산

8. 도전자

(+) 정수리 차크라, 장 에너지와 두뇌형이다.

- 보스, 리더, 지도자, 도전하는 사람, 보호하는 사람
- 자신의 통제 하에 놓여 있는 상황을 좋아한다.
- 영향력을 행사하는 것을 즐거워한다.
- 아이가 잘 발달하였다 하여도 부모의 보살핌이 있어야 제대로 성장할 수 가 있다.

● 성인(成人)이란 역시 어린아이와 같아 누군가의 보살핌과 원조가 있어야 고 도성장(高度成長)을 꿈꿀 수 있고 자기개발(自己開發)을 완수(完遂)할 수 있다.

● 나를 원조하고 보살펴주는 자(者)를 귀인(貴人)이라 칭(稱)한다.

● 귀인(貴人)을 만나는 운을 맞아 눈에 보이는 귀인만이 영험(靈驗) 있고 눈에 보이지 않으면 부정(否定)할 수밖에 없다.

● 업무 또한 부정(否定)할 수 없어서 생각외(生覺外) 기특(奇特)하게 하사(何事)가 성취될 때 우리는 이 또한 귀인을 만났다고 한다.

● 배우자를 만날 때, 자녀를 생산할 때, 선생을 만날 때, 소원성취가 이루어질 때, 혜택이 많아질 때, 동업자를 만날 때, 병이 호전될 때, 각종 고시에 합격 할 때, 회사에 입사하게 될 때, 조상의 은덕을 입을 때 등의 운이다.

○ 예술(art)형에서 자주 볼 수 있다. 개성이 강하고 끼가 넘친다. 진정한 개성의 소유자만이 가능한 일이다.

○ 언어도발형이다.

○ 우울증이나 저혈압 등을 상징하기도 하며, 예술이나 창조적인 부분도 포함하고 있다.

○ 신비하고 여성적인 부드러움을 강조할 때 많이 사용되는 색이다.

○ 심리적으로 자주색이나 마젠트색은 실망감에서 벗어나게 해주며, 억압감으로부터 내적인 영향을 외부적으로 나아갈 수 있는 공격성을 겸비한다. 또한 예술(art)을 겸비하고 있다.

○ 친절한, 지지하는, 사려 깊은, 다행스러운, 동정하는, 성숙한, 사랑하는, 진실한, 도움이 되는, 자연스러운 모습 등을 나타낸다.

1) Character(성격)

① 긍정적인

친절한, 지지하는, 사려 깊은, 다행스러운, 동정하는, 성숙한, 사랑하는, 진실한, 도움이 되는, 자연스러운, 커다란, 유연한

② 부정적인

불친절한, 반대하는, 이기적인, 고통스러운, 무자비한, 미성숙한, 냉담한, 인위적인, 쓸모없는, 오만한, 작은, 완고한

2) Love(사랑)

베풀며 관대한 미덕.

지원하고 친절할 수 있다.

자신을 사랑하고 다른 사람의 사랑을 받아들일 줄 안다.

3) Career(직업)

남을 도와주기를 좋아하기 때문에 남을 도와줄 수 있는 직업, 교육자, 요리사, 미용사 등

4) Relationship(인간관계)

　　필요한 곳 어디에든 지원하고 친절할 수 있다.

　　자신의 관능적인 면을 표현하고 싶어 한다.

5) Fitness(건강)

　　분홍색 아지랑이

9. 조정자

(-) 깨달음 차크라, 장(에너지) 형이다.

- 중재자, 평화주의자, 소통의 사람
- 긴장의 이완, 편안하고 잘 판단하지 않는다. 조화로움
- 재생관(財生官)이다.

● 재(財)는 재물을 말하고 돈을 말한다.

● 돈이 생기면, 관(官)을 생(生)한다. 관은 곧 관직(官職)을 의미하고 직장과 직업이 생긴다. 관(官)에 나아갈 수 있음은 말한다.

● 의식주(衣食住)를 고르게 갖추면 비로소 진선미(眞善美)를 향수(享受)할 수 있다. 생장(生長)과 생산(生産)도 바르게 할 수 있는 것이다.

● 사람과 재물에 있어 주종(主從)이 관계가 전도(顚倒)만 되지 않았다면, 재물(財物)은 고귀(高貴)한 것이다. 사업자금, 투자대금, 결재대금, 결혼자금, 부동산 매매대금, 차용대금, 대여대금, 당첨금 등 큰돈이 움직인다.

● 비색(否塞)의 명조(命條)라면 이 또한 허무하기 짝이 없다.

● 길하고 경사스러운 재성(財星)을 움직이는 운이 아니라면 불리(不利)하다.

● 움직여야 돈이다. 곧 경영부실(經營不實)을 의미(意味)하는 바이다.

● 사업의 실패는 채권채무(債權債務)에 따르는 고육지책(苦肉之策)의 자금운영(資金運營)이다.

○ 품위 있는 고상함이다. 외로움과 슬픔을 나타낸다.
○ '행복'과 '슬픔'. 속을 드러내지 않는 고귀함이 있다.
○ 아름다움으로는 뷰티, 미인, 여성, 향기를 대표한다.
○ 심리적으로 핑크는 쇼크나 두려움을 해소하는 능력이 떨어진다. 항시 불안한 마음을 정화시켜 주는 누군가를 그리워하는 심리도 있다.
○ 여성에게 바라는 이미지는 '봄', '따뜻함', '달콤함', '행복', '만남', '사랑', '벚꽃', '생명' 등을 나타낸다.

1) Character(성격)
① 긍정적인
행복, 따뜻함, 귀중한, 정숙한, 조화로운, 안전한, 아름다운, 평화로운
② 부정적인
슬픔, 차가움, 가치 없는, 허영, 다투는, 불안전한, 매력 없는, 의견 충돌

2) Love(사랑)
창의력이 있다.
예술적 능력이 있다.
우아하고 고급스럽다.
조화로움과 온화함

3) Career(직업)

호텔, 비즈니스업

4) Relationship(인간관계)

모든 일에 조화롭다.
편안하고 잘 판단하지 않는다.

5) Fitness(건강)

향기

2. 오로라 타로카드 보는 방법

(Annear, 9, Grammos, 구궁, 도형)

1) 남자(乾)의 운을 살펴보는 방법(①부터 시작)

「도표 1」

1990년 2월 17일(陰)생 고유넘버 (2+17) 19 ÷ 9 = ① 개혁가

30세 ③ 2월 ⑤ 17일 ④

「도표 2」

巳	午	未	申
II 조력자	VII 열정가	IX 조정자	
I 개혁가	III 성취자	V 탐구자	
VI 충실한 사람	VIII 도전자	IV 개인주의자	
寅	丑	子	亥

가) 남자 나이 보는 법

남자는 「도표 1」, 「도표 2」 오로라 타로카드에서 ①개혁가로부터 1세 (한 살)로 시작하여 순번대로 차례로 구궁을 순행한다.

「도표 2」 ①개혁가 ②조력자 ③성취자 ④개인주의자… 하여 나가면 10세에 다시 ①개혁가에 닿고, ②조력자가 11세, ③성취자 12세, ④개인주의자 13세, ⑤탐구자 14세, ⑥충실한 사람 15세, ⑦열정가 16세, ⑧도전자 17세, ⑨조정자에 18세가 된다.

이러한 방식으로 계속 헤아려 가면 20세에 ②조력자, 30세에 ③성취자, 40세에 ④개인주의자, 50세에 ⑤탐구자, 60세에 ⑥충실한 사람, 70세에 ⑦열정가, 80세에 ⑧도전자, 90세에 ⑨조정자, 100세에 다시 ①개혁가, 110세에 ②조력자에 와 닿게 된다.

「도표 3」

20세 ② 2세	70세 ⑦ 7세	90세 ⑨ 9세
10세 ① 4세	30세 ③ 3세	50세 ⑤ 5세
60세 ⑥ 6세	80세 ⑧ 8세	40세 ④ 4세

만일 남자 63세에 나이를 헤아려 해당국을 알려면, 곧바로 ⑥충실한 사람을 짚으면서 육십(60) 하고 ⑦열정가에 61세, ⑧도전자에 62세, ⑨

조정자에 63세가 된다.

또 89세의 남자 해당 연령 궁을 알려면 ⑧도전자를 곧바로 짚으면서 팔십(80) 하고 차례로 9세를 더하여 「도표 3」에 나가면 된다.

⑨조정자에 81세, ①개혁가에 82세, ②조력자에 83세, ③성취자에 84세, ④개인주의자에 85세, ⑤ 탐구자에 86세, ⑥충실한 사람에 87세가 된다. 그렇게 계속 짚어나가면 ⑦열정가에 88세, ⑧조정자에 89세가 와 닿게 된다.

이와 같이 십 단위로 나이를 가져다 붙이고, 9세를 더하려면 갖다 붙인 제자리궁을 한 번 더 짚으면 된다.

다시 말해 빨리 짚기 위하여 십 단위로 먼저 가져다 붙이고 그 자리가 아홉을 더한 숫자와 같은 자리임을 알고, 십 단위로 짚은 제자리에서 연령을 가감하여 순행, 또는 역행하여 헤아리면 더욱 능률적이다.

「도표 4」 남자 연령 해당 오로라 타로카드 표시도

② 조력자 2, 11, 20, 29, 38 47, 56, 65, 74, 83	⑦ 열정가 7, 16, 25, 34, 43 52, 61, 70, 79, 88	⑨ 조정자 9, 18, 27, 36, 45 54, 63, 72, 81, 90
① 개혁가 1, 10, 19, 28, 37 46, 55, 64, 73, 82	③ 성취자 3, 12, 21, 30, 39 48, 57, 66, 75, 84	⑤ 탐구자 5, 14, 23, 32, 41 50, 59, 68, 77, 86
⑥ 충실한 사람 6, 15, 24, 33, 42 51, 60, 69, 78, 87	⑧ 도전자 8, 17, 26, 35, 44 53, 62, 71, 80, 89	④ 개인주의자 4, 13, 22, 31, 40 49, 58, 67, 76, 85

나) 여자나이 보는 법

여자는 「도표 1」, 「도표 2」의 오로라 타로카드에서 ⑨조정자에서 1세로 시작하여 구궁을 순행한다.

⑨조정자를 1세로 하여 차례로 짚어나가면 10세에 다시 ⑨조정자에 닿고, ①개혁가에 11세, ②조력자에 12세, ③성취자에 13세, ④개인주의자에 14세, ⑤탐구자에 15세 ⑥충실한 사람에 16세, ⑦열정가에 17세, ⑧도전자에 18세, ⑨조정자에 19세로 다시 닿는다.

20세에 ①개혁가, 30세에 ②조력자, 40세에 ③성취자, 50세에 ④개인주의자, 60세에 ⑤탐구자, 70세에 ⑥충실한 사람, 80세에 ⑦열정가, 90세에 ⑧도전자, 100세에 다시 ⑨조정자에 닿게 된다.

만일 59세 여자의 해당 구궁을 알려고 한다면, 남자 나이 짚는 법과는 달리 ⑤탐구자를 짚으면서 50하는 것이 아니라 여자 1세가 시작되는 ⑨조정자에 10세가 되니 ①개혁가에 20세, ②조력자가 30세, ③성취자 40세, ④개인주의자 50세하고 난 다음, ⑤탐구자로 넘어가면서 51세, ⑥충실한 사람에 52세, ⑦열정가에 53세, ⑧도전자에 54세, ⑨조정자에 55세, 다시 ①개혁가로 돌아가 56세, ②조력자에 57세, ③성취자에 58세, 그리고 찾고자 하는 여자 나이 59세는 ④개인주의자가 된다.

여기서도 살펴보면, 여자 나이 50세를 짚을 때 구궁 자리가 ④개인주의자였는데, 여기서 9세를 더하니 ④개인주의자가 됐다.

또 여자나이 19세를 짚어 본다면 ⑨조정자가 1세임과 동시에 10세이니 ⑨조정자를 곧바로 짚으면서 열(10) 하고, 다시 9세를 더하여야 되니 또다시 제자리 궁을 짚으면 여자의 19세 궁이 된다. 만일 여자 나이 18세라면 ⑨조정자가 19세였으니까(여자) 역행하여 ⑧도전자를 짚으면 되고, 17세라면 다시 역행하여 ⑦열정가가 된다. 16세라면 ⑥충실한 사람이 되는 것이다.

「도표 5」 여자 왼손 구궁도

30세 ③ 3세	80세 ⑧ 8세	10세 ① 4세
20세 ② 2세	40세 ④ 4세	60세 ⑥ 6세
70세 ⑦ 7세	90세 ⑨ 9세	50세 ⑤ 5세

「도표 6」 여자 연령 해당 오로라컬러 심리카드 표시도

③ 성취자 3, 12, 21, 30, 39 48, 57, 66, 75 ,84	⑧ 도전자 8, 17, 26, 35, 44 53, 62, 71, 80, 89	① 개혁가 1, 10, 19, 28, 37 46, 55, 64, 73, 82
② 조력자 2, 11, 20, 29, 38 47, 56, 65, 74, 83	④ 개인주의자 4, 13, 22, 31, 40 49, 58, 67, 76, 85	⑥ 충실한 사람 6, 15, 24, 33, 42 51, 60, 69, 78, 87
⑦ 열정가 7, 16, 25, 34, 43 52, 61, 70, 79, 88	⑨ 조정자 9, 18, 27, 36, 45 54, 63, 72, 81, 90	⑤ 탐구자 5, 14, 23, 32, 41 50, 59, 68, 77, 86

오로라 타로카드에서 남녀 다 같이 생월, 생일은 음력 월, 음력 일을 사용해야 한다. 연령(나이)은 태어남과 동시에 1세(한 살)로 치는 우리나라 전통의례의 하나인 태교 신기에 의한 잉태 시기부터 한 살 나이로 하는 것을 원칙으로 한다.

다) 남녀 생월 붙이는 법

생월 붙이는 법은 남녀가 다 같다. 먼저 당사자의 연령 해당 구궁에서 순차적으로 넘으면서(순행하여) 1월, 2월, 3월… 이렇게 짚어나가면 해당 월을 쉽게 붙일 수 있다.

만일 생월이 12월이라면 해당 연령(나이) 구궁에서 열두 개의 궁을 차례로 다 짚어 나가려면 지루하고 시간적으로도 늦어지니까 나이를 짚을 때 10단위를 곧바로 짚어 나가듯이, 생월도 10단위가 넘는 것은 해당 연령(나이)에서 다음으로 넘으면서 10월, 하고 짚으며, 그 다음 궁이 11월, 그 다음 궁이 12월이 되며, 만일 생월이 9월이라면 해당 연령이 자리가 되며, 8월이라면 하나 역행하여 내려가면 된다.

남녀 다 같이 구궁을 빠르고 쉽게 짚기 위해서는 순행, 역행을 자유자재로 구사할 수 있어야 한다.

라) 생일 붙이는 법

생일 붙이는 법은 남녀가 다 같다. 먼저 당사자의 생월 궁에서 다음 구궁으로 순행하면서 1일, 그 다음 궁에 2일, 또 그다음 궁에 3일… 하고 짚어 나가면 된다.

그러나 생일 수는 늦으면 30일까지 있으므로 1에서 30까지를 다 헤아리려면 귀찮고 시간이 걸린다. 그래서 생일도 해당 생월 궁에서 다음 구궁으로 넘어가면서 10일, 또 한 칸 순행하면서 20일, 또다시 순행하여 30일 하면 된다.

만일 9일이 생일이라면 생월 궁이 제자리가 되며, 19일이 생일이라면 생월 궁에서 한 칸 순행하여 10일 하고 짚고 9일은 한 번 더 제자리를 짚으면 된다. 만일 29일이라면 생월 궁에서 순행하여 두 번째 궁을 짚으면서 20하고 또 제자리를 짚으면서 9하면 29일 궁을 짚을 수 있다.

만약 26일이라면 20일을 짚은 궁에서 차례로 구궁을 순행하면서 21, 22, 23, 24, 25, 26일 하고 짚으면 간단하게 짚을 수 있다.

마) 연, 월, 일 세 자리 년 비결 문구 붙이는 법

먼저 생년 즉 나이를 앞서의 연령 붙이는 요령에 따라 해당 비결 구 궁수를 ○속에 넣고, 그 다음 생월 붙이는 요령에 따라 해당 구궁수를 역시 ○속에 넣은 뒤, 다시 생일 붙이는 요령에 따라 해당 생일궁의 비 결 수를 ○안에 넣는다. 이렇게 하여 세 개의 ○속에 든 수를 차례로 배열하면 ○○○ 세 개의 수가 나란히 놓인다. 맨 앞에 놓은 수는 나이 를 짚어 나온 것이고, 가운데 것은 생월을, 맨 나중에 것은 생일을 짚 어서 나온 것이다.

그리하여 이 세 개의 문구를 가지고 '년 비결 문구'라고 하는데, 막상 명운 감정에 들어가서는 맨 나중 것이 일진이 되는 것이 아니라 반대 로 그해 당년의 목적운이 되는 것이다. 다시 말해 세 자리 '년 비결 문 구' 중 맨 나중 것이 당년 감정에 있어서 앞서두 개의 수보다 우위를 차 지하며 「포인트」가 되는 것이다.

남자 나이 26세, 3월 12일의 세 자리 '년 비결 문구'를 만들어 차례로 적는다면 ⑧도전자를 먼저 적고, 그 다음은 생월 해당 궁 ②조력자를 중간에, 그 다음 마지막 생일 해당 수 ⑤탐구자 수를 적으면 되는데 이 를 차례로 나열하면 ⑧②⑤가 된다.

3월 12일(陰)

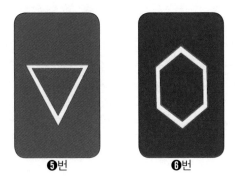

❺번   **❻번**

3월 12일(陰) 3 + 12 = 15
보이는 고유넘버 ⑤번 두뇌형(탐구자)
보이지 않는 고유넘버 ⑥번 두뇌형(충실한 사람)

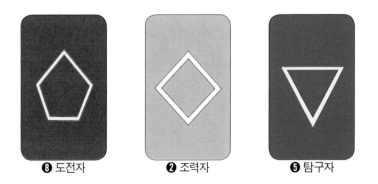

❽ 도전자   **❷ 조력자**   **❺ 탐구자**

바) 윤월 생월 붙이는 법

생월이 윤달일 때 붙이는 법은 그 해당 윤월수를 그대로 적용하여 짚으면 된다.

예를 들어 윤 5월생이라면 그냥 5월로 짚어 감정하면 된다.

가슴(마음)	2. 조력자	3. 성취자	4. 개인주의자
머리(두뇌)	5. 탐구자	6. 충실한 사람	7. 열정가
장(에너지)	8. 도전자	9. 조정자	1. 개혁가

사) 보이는 넘버 월, 일 합수의 오행(五行)

월, 일 합수의 오행은 다음 도표와 같다.

월,일 합수 月,日 合數	1	2	3	4	5	6	7	8	9	10	11	12
오행 五行	목 木	목 木	화 火	화 火	토 土	토 土	금 金	금 金	수 水	수 水	목 木	목 木
음 양 - +	양 +	음 -	양 +	음 -	양 +	음 -	양 +	음 -	양 +	음 -	양 +	음 -

월, 일 합수의 오행은 보이지 않는 수는 물론 보이는 수도 단 자리 수만을 가지고 그 오행을 정함을 원칙으로 한다.

두 자리 이상의 수는 무조건 십 단위 이상의 수는 버리고 단 자리 수만을 사용하여 오행을 정하는데 가령 41수의 월, 일 합수가 나왔다면 앞의 십 단위 4를 떼어버리고 1수만 가지고 오행을 정하면 된다. 이것이 보이는 넘버 수는 월, 일 합수의 오행이다. 보이지 않는 넘버 수는 월, 일 합수의 오행 41수를 분리하여 더하면 5수가 나온다.(4+1=5) 이 수(5)로 오행을 정하면 보이지 않는 넘버 수는 월, 일 합수의 오행이 된다.

다시 살펴본다면, 월, 일 합수가 39수가 나왔다면 처음 십 단위를 떼어버리고 9수만을 가지고 오행을 정하면 되는데, 이 오행의 보이는 넘버 수는 월, 일 합수의 오행이다. 이 39수를 가지고 3과 9를 분리하여 더하면 12수가 나오는데(3+9=12) 이 12수는 아직도 더 분리하여 더할 수가 있으므로 다시 1과 2를 분리하여 각기 더하면 3수가 나온다. 3수를 가지고 오행을 정하며 이 오행이 보이지 않는 넘버 수이다. 월, 일 합수의 오행이 된다.

보이지 않는 넘버 수는 월, 일 합수 3수를 낳은 중간의 12수를 1차 보이지 않는 넘버 수라고 하며, 이 1차 보이지 않는 넘버 수의 오행은 보이는 넘버 수 월, 일 합수 오행을 정하는 방법과 같이 십 단위 1을 버리고 단 자리 수 2수만을 가지고 정하면 된다. 여러 가지로 활용되는 구궁법의 수리오행은 1과 2는 목(木)이 되고, 3과 4는 화(火), 5와 6은 토(土), 7과 8은 금(金), 9와 10은 수(水)가 되는데 여기서 홀수는 양(陽)이 되고 짝수는 음(陰)이 된다.

사람에 있어서 8번의 변화기가 있고, 따라서 휴식기도 8번이 있다.

가령 변화기가 19, 28, 37,46, 55, 64, 73세라면 이 사람의 휴식기 연령은 18, 27, 36, 45, 54, 63, 72세가 되는 것이다. 휴식기 운이 오면 지하철이 종착역에 도착하여 더 나아가지 못하는 것과 같이 일체가 정지되는 형국과 같다. 종착역에서는 실내에 청소와 문제가 있는 곳을 점검하고 수리하며 부품교체를 하기도 한다. 계절로 치면 휴면의 시기인

겨울과 같아 동·식물들이 매서운 북풍한설의 엄동을 이겨내기 위해 겨우살이에 들어가는 형상과 같다. 무대가 없으니까 활동이 있을 수 없고, 숨만 쉬는 형국이다. 휴식기 운에 접어들면 자연히 변화기로 가는 준비의 나날이 많아진다.

준비란 변화기가 와서 왕성한 자유 활동을 하는데 거추장스런 이런 저런 여러 가지 일과 인연들을 정리해 나가는 과정의 의미를 상기해 볼 수 있다.

아) 보이지 않는 고유넘버의 변화기

고유넘버의 변화기(變化期)를 찾는 방법은 보이는 월과 시를 합수하여 기본 변화기 수로 정하고 이 수에서 9수를 더하거나(+) 빼서(-) 변화기를 찾는다. 고유넘버의 변화기의 수는 일생 중 커다란 변화가 닥치는 해당 연령을 가리킨다. 예를 들어 음력 8월 29일 생인 37수(8+29=37)가 이 사람의 변화기 기본수이고, 이 기본수에다 9수를 더하거나 빼서 일생의 변화기를 알아볼 수 있다. 37수 에다 9를 더하면 46, 이 46수 에다 9를 더하면 55, 또 여기다 9를 더하면 64… 이런 식으로 계속 계산하여 더 많은 나이의 변화기를 찾을 수 있다. 37세 이전의 변화기를 찾으려면 37수에서 9를 빼면 28, 또 여기서 9를 빼면 19, 또 9수를 빼면 10, 이런 식으로 하여 찾는다.

변화기의 계산법은 남녀 구분 없이 동일한 방법으로 하면 된다.

변화기의 주기는 일반적으로 말할 땐 10년이라고 하나 햇수로 따질 땐 9년이다. 8월 29일 생의 사람의 일생 동안의 변화기는 다음과 같다.

10세, 19세, 28세, 37세, 46세, 55세, 64세, 73세 등이 된다.

고유 넘버의 변화기는 글자 그대로 변화가 새로 시작되는, 말하자면 인생행로에 있어서 커다란 운의 변화를 가져오는 대단히 중요한 주기적인 시점을 말하는 것이다. 고유 넘버의 변화 기에는 음양오행이 있는데

만 9년마다 바뀌는 오행은 변화기 숫자가 단 자리일 때는 그 단 자리의 오행으로 보고, 두 자리 이상일 때는 십 단위 이상은 버리고 단 자리 수리만을 가지고 오행을 정하면 된다.

3월 12일(陰)

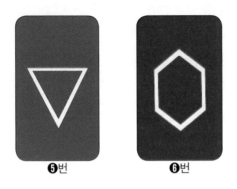

❺번 **❻번**

3월 12일(陰) 3 + 12 = 15
보이는 고유넘버 ⑤번 두뇌형(탐구자)
보이지 않는 고유넘버 ⑥번 두뇌형(충실한 사람)

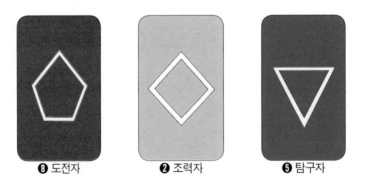

❽ 도전자 **❷ 조력자** **❺ 탐구자**

⑥번 두뇌형(충실한 사람) 2019년
초반 ⑤ 탐구자의 눈으로 주위의 환경을 살피고,
중반 ⑧ 도전자의 에너지로 삶을 진출하고,
말 ② 조력자의 도움으로 삶이 윤택해진다.

3 + 12 = 15
外 ⑤번 토(+), 内 ⑥번 토(-)

06(-)
15(+)----------------------------토(比肩)----------------------------14
24(-)
33(+)----------------------------화(印星)----------------------------32
42(-)
51(+)----------------------------목(官星)----------------------------50
60(-)
69(+)----------------------------수(財星)----------------------------68
78(-)
87(+)----------------------------금(食傷)----------------------------86
96(-)
105(+)----------------------------토(比肩)----------------------------104

① 개혁가	④ 개인주의자	⑦ 열정가
② 조력자	⑤ 탐구자	⑧ 도전자
③ 성취자	⑥ 충실한 사람	⑨ 조정자
④ 개인주의자	⑦ 열정가	① 개혁가
⑤ 탐구자	⑧ 도전자	② 조력자
⑥ 충실한 사람	⑨ 조정자	③ 성취자
⑦ 열정가	① 개혁가	④ 개인주의자
⑧ 도전자	② 조력자	⑤ 탐구자
⑨ 조정자	③ 성취자	⑥ 충실한 사람

❷ 조력자

❼ 열정가

❾ 조정자

❶ 개혁가

❸ 성취자

❺ 탐구자

❻ 충실한 사람

❽ 도전자

❹ 개인주의자

3. 내 아이의 직무 적성 알아보기

3월 12일(陰)

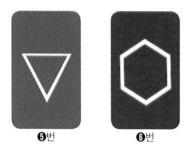

❺번   ❻번

3월 12일(陰)   3 + 12 = 15

보이는 고유넘버 ⑤번 두뇌형(탐구자)

보이지 않는 고유넘버 ⑥번 두뇌형(충실한 사람)

2019년 운명의 넘버(⑤번 ⑧번 ②번)

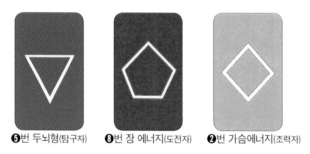

❺번 두뇌형(탐구자)   ❽번 장 에너지(도전자)   ❷번 가슴에너지(조력자)

2020년 운명의 넘버(⑥번 ⑨번   ③번)

❺번 두뇌형(탐구자)   ❽번 장 에너지(도전자)   ❷번 가슴에너지(조력자)

고유넘버 ⑥번

⑥번 두뇌형(충실한 사람)

2019년 올해의 운명의 넘버

남자 1970년생(50세)은 ⑤부터 시작 3월 ⑧ 12일 ②

⑤ 탐구자

⑧ 도전자

② 조력자

① 개혁가	④ 개인주의자	⑦ 열정가
② 조력자	⑤ 탐구자	⑧ 도전자
③ 성취자	⑥ 충실한 사람	⑨ 조정자
④ 개인주의자	⑦ 열정가	① 개혁가
⑤ 탐구자	⑧ 도전자	② 조력자
⑥ 충실한 사람	⑨ 조정자	③ 성취자
⑦ 열정가	① 개혁가	④ 개인주의자
⑧ 도전자	② 조력자	⑤ 탐구자
⑨ 조정자	③ 성취자	⑥ 충실한 사람

고유넘버 ⑥번

❻번 두뇌형(충실한 사람)

과거 2017년, 과거 2018년, 현재 2019년

❷ 성취자　❻ 충실한 사람　❾ 조정자

❹ 개인주의자　❼ 열정가　❶ 개혁가

❺ 탐구자　❽ 도전자　❷ 조력자

과거 2018년, 현재 2019년, 미래 2020년

❹ 개인주의자　❼ 열정가　❶ 개혁가

❺ 탐구자　❽ 도전자　❷ 조력자

❻ 충실한 사람　❾ 조정자　❷ 성취자

고유넘버 ⑥번

❻번 두뇌형(충실한 사람) - 전체운

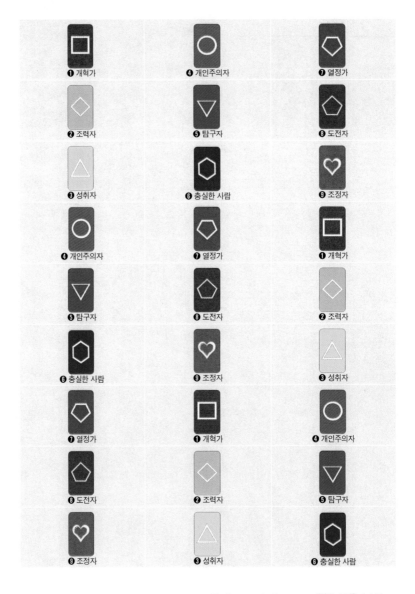

고유넘버 ⑥번

❻번 두뇌형(충실한 사람) – 길(吉)한 경우

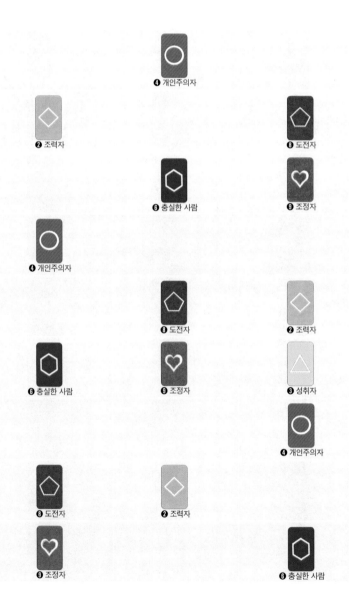

고유넘버 ⑥번

❻번 두뇌형(충실한 사람) - 흉(凶)한 경우

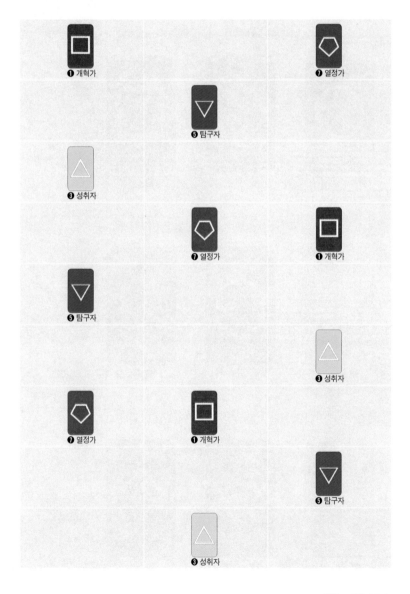

고유넘버 ⑥번

❻번 두뇌형(충실한 사람)

여자 1970년생(50세)은 ④부터 시작 3월 ⑦ 12일 ①

❹ 개인주의자

❼ 열정가

❶ 개혁가

여자 1980년생(40세)은 ③부터 시작 3월 ⑥ 12일 ⑨

❸ 성취자

❻ 충실한 사람

❾ 조정자

여자 1990년생(30세)은 ②부터 시작 3월 ⑤ 12일 ⑧

❷ 조력자

❺ 탐구자

❽ 도전자

4. 내 아이의 컬러 테라피

1) 보색 치료법

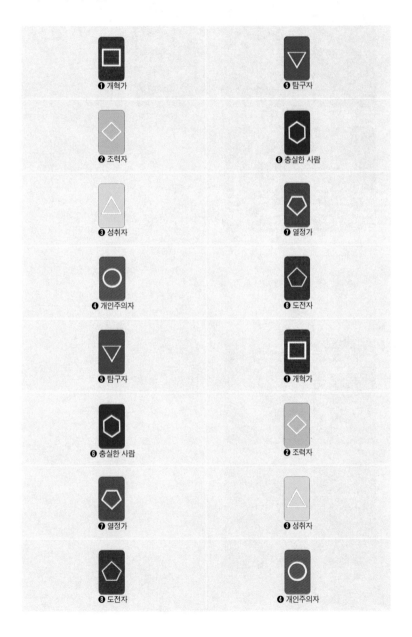

❶ 개혁가

❺ 탐구자

❷ 조력자

❻ 충실한 사람

❸ 성취자

❼ 열정가

❹ 개인주의자

❽ 도전자

❺ 탐구자

❶ 개혁가

❻ 충실한 사람

❷ 조력자

❼ 열정가

❸ 성취자

❽ 도전자

❹ 개인주의자

2) 스트레스성 치료법

가)

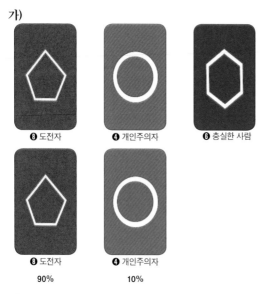

색채 호흡 & 주위 환경 & 색채 시각화

나)

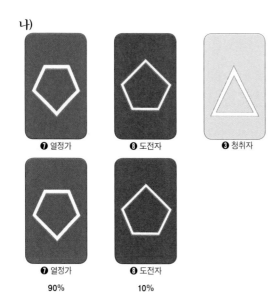

보라색이 약해서 강화시켜야 할 이유

마젠트색은 보충의 색

보라와 노랑은 보색대비

다)

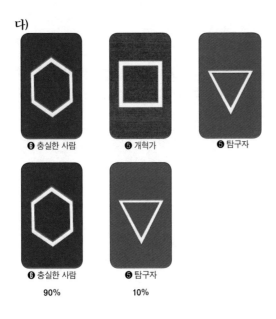

❻ 충실한 사람　　❺ 개혁가　　❺ 탐구자

❻ 충실한 사람　　❺ 탐구자

90%　　　10%

오로라 타로카드는

과거의 상황과

현재의 상황

미래의 상황을

도형과 색채 차트로 분석하여

심리와 직무적성을 안내해 줄 수 있으며

스트레스를 해소하는 것 또한 도울 수 있답니다.

XI. 결론

 이상의 연구 결과와 오로라 컬러 이론을 통해 다음과 같은 결론을
도출하였습니다.

> 첫째, 컬러테라피 도구인 오로라 타로카드는 현대 과학적 요소와
> 만나 초월적 심리학이 만들어낸 하나의 심리적 도구가 되었
> 습니다.
> 둘째, 컬러테라피인 오로라 타로카드는 인간의 물리적, 정서적, 영
> 적 부분에까지 접근할 수 있음을 확인하였습니다.
> 셋째, 오로라 타로카드는 차크라와 컬러에너지의 작용에서 치유
> 작용을 하는 색채적 이론을 확인할 수 있었습니다.
> 넷째, 오로라 타로카드는 개인의 컬러에너지 특성에 의해 그 사람
> 의 성향이 결정됨을 확인할 수 있었습니다.

참고문헌

김규리, 「컬러테라피 프로그램을 통한 성인 학습자의 감성 리더쉽 개발과정 전환 학습 과정을 중심으로」, 숭실대 평생 교육학과 박사학위 논문, 2013.

김혜령(2012), 「압화를 이용한 색채 테라피 체험이 여성 스트레스에 미치는 연구」, 조선대 디자인 경영학과 박사학위 논문.

김정숙(2006), 「컬러테라피와 현대 학자들의 관점 비교」, 창원대 교육학과 박사학위 논문.

김재형(2008), 「애니어그램 성격과 학습동기 및 학업성취도의 관계」, 중학생을 대상으로, 고려 대학교 교육대학원 평생교육전공 석사학위논문.

김명숙(2008), 「서양 점성술에 나타난 신화적 상징체계에 관한 고찰」, 공주대 역리학과 석사 학위논문.

김병조(2007), 「河洛理數 數論에 관한 고찰」, 공주대학교 역리학과 석사학위논문.

기보경(2014), 「도형 심리 검사를 활용한 미술 멘토링 프로그램 연구」, 자아 존중감 향상과 진로 탐색을 중심으로, 국민대 미술전공 석사학위논문.

이채영(2012), 「컬러 테라피를 적용한 스트레스 완화 연구」, 홍익대 색채전공 석사학위논문.

윤형준(2004), 「경력닻 유형과 애니어그램 성격유형과의 관계」, 고려대학교 대학원 석사학위논문.

안지혜(2011), 「색채를 통한 미술치료법에 관한 연구」, 수원대 미술학과 석사학위논문.

양현성(2010), 「컬러 테라피를 활용한 아동의 심리 치료 프로그램 연구」, 서울 교육대 교육 대학원 석사학위논문.

진혜련(2012), 「컬러 디자인을 위한 인체 생리 신호 반응 및 인지 측정의 정량적 분석 연구 : 컬러 한지 환경 시스템의 컬러 자극을 중심으로」, 전북 대학교 일반대학원 디자인 제조 공학과 박사학위 논문.

김승동, 『易思想辭典』, 부산대학교 출판부, 2006.

안병내, 『구성학』, 도서출판 향지, 서울시, 2010.

정흥교, 『알기 쉬운 구단구궁법』, 연합불교신문사, 전북 전주시, 1998.

문은배, 『색채의 이해』, 국제, 서울시, 2002.

스에나가 타미오, 『색채심리』, 예경, 서울시, 2001.

수잔 델린저, 『도형심리학』, W 미디어, 서울시, 2013.

잉그리트 리델, 『도형, 그림의 심리학』, 파피에, 서울시, 2001.

에바 헬러, 『색의 유혹』, 예담, 서울시, 2002.

이재만, 『컬러 하모니』, 일진사, 서울시, 2012.

채수명, 『색채심리 마케팅』, 국제, 서울시, 2002.

Deborah T. Sharpe, 『色彩心理와 디자인』, 태림문화사, 서울시, 1996.

Howard. & Dorothy Sun, 나선숙 역, 『내 삶에 색을 입히자』, 예경, 서울시, 2006.

Riso, D. R. & Hudson, R. 주혜명 역, 『애니어그램의 지혜』, 한문화, 서울시 , 2017.

자신의 운명을 자신이 쉽게 포기하지 않는다면
행복의 큐피트는 언제든지 당신에게 다가갈 것이다.

심리·이론편 END

2부

오로라 타로카드는
당신의 이야기입니다

- 심리·실습편 -

나에겐 악운이란 없다.

들어가는 말
-2부-

행운은 멀리 있지 않습니다.

우리는 주위의 소소한 소중함을 가끔 잊고 살아갑니다.

소중함을 잊지 않으려면,
건강한 마음과 편안한 마음을 가져야 합니다.

집중으로 소중한 마음을 지켜주세요.

천천히 움직이며, 천천히 생각하며, 천천히 음식을 드시고,

각성하는 마음으로 자신의 모습과 소중한 주변을 살피고,

자신의 마음에 소소한 행복을 가득 채워 봅시다.

긍정의 에너지는 나의 미래를 바꿀 수 있습니다.

오로라 타로카드는 당신의 이야기이자

소소한 당신의 스토리입니다.

2019년 3월

유천(劉泉)

Ⅰ. Tarot Reflection Reading (T R R)

1. 자신의 모습

첫 번째 카드 - DNA 카드 인연의 카드 (개인적인 성향)

두 번째 카드 - 현재의 모습 카드 (현재의 상태 해석) 70 - 80%

세 번째 카드 - 미래의 모습 카드 (미래의 상태 단계) 20 - 30%

|응용|
자신의 마음에 드는 카드를 생각하면서 뽑으면
1. 개혁가 2. 조력가 3. 성취가 4. 예술가 5. 사색가
6. 충성가 7. 낙천가 8. 지도자 9. 조정자
어디에 포함되는지 알 수 있습니다.

1) 9장의 카드를 펼칩니다. 무지개색인 빨강, 주황, 노랑, 초록, 청록, 청색, 보라, 마젠트, 보라색 9장 중 색상인 채도와 도형을 중심으로 먼저 한 장을 뽑습니다. 자신의 모습을 보고 싶으시면 ( ) 체크해 주세요.

(1)　　　　　(2)　　　　　(3)　　　　　(4)

(5)　　　　(6)　　　　(7)　　　　(8)　　　　(9)

자기 자신의 심리를 알고 싶거나 보고 싶을 때는 맘에 드는 컬러나 도형을 유심히 바라보면서 9장의 카드 중 총 3장을 뽑으실 겁니다.

먼저 첫 번째 맘에 드는 카드 1장을 먼저 뽑습니다.　　　( )

2) 무지개색인 빨강, 주황, 노랑, 초록, 청록, 청색, 보라, 마젠트, 보라
   색 8장 중 색상인 채도와 도형을 중심으로 한 장을 뽑습니다.
   자신의 모습을 보고 싶으시면 ( ) 체크해 주세요.

자기 자신의 심리를 알고 싶거나 보고 싶을 때는 맘에 드는 컬러나 도
형을 유심히 바라보면서 남은 7장의 카드 중 1장을 뽑으실 겁니다.

두 번째 맘에 드는 카드 1장을 뽑습니다.   ( )

3) 무지개색인 빨강, 주황, 노랑, 초록, 청록, 청색, 보라, 마젠트, 보라
색 7장 중 색상인 채도와 도형을 중심으로 한 장을 뽑습니다.
자신의 모습을 보고 싶으시면 ( ) 체크해 주세요.

(1)   (2)   (3)   (4)

(5)   (6)   (7)   (8)   (9)

자기 자신의 심리를 알고 싶거나 보고 싶을 때는 맘에 드는 컬러나
도형을 유심히 바라보면서 남은 6장의 카드 중 1장을 뽑으실 겁니다.

세 번째 맘에 드는 카드 1장을 뽑습니다.   ( )

2. 상대방 모습 (A)
(男 & 女)

첫 번째 카드 - 현재의 모습 카드 (현재의 상태 해석) 70 - 80%

두 번째 카드 - 미래의 모습 카드 (미래의 상태 단계) 20 - 30%

|응용|
상대방에게 나를 생각하면서 뽑으라고 한다면
상대가 나를 생각하는 마음을 알 수 있습니다.

1) 8장의 카드를 펼칩니다. 무지개색인 빨강, 주황, 노랑, 초록, 청록, 청색, 보라, 마젠트색 8장 중 색상인 채도와 도형을 중심으로 먼저 한 장을 뽑습니다. 상대방(男 & 女)을 보고 싶으시면 ( ) 체크해 주세요.

상대방(男&女)의 심리를 보고 싶으실 때는 그 상대방의 모습이나 이미지를 생각하면서 8장의 카드 중 2장을 뽑으실 겁니다.

먼저 상대방을 생각하며 제일 먼저 맘에 드는 카드 1장을 뽑습니다. ( )

2) 무지개색인 빨강, 주황, 노랑, 초록, 청록, 청색, 보라, 마젠트색 7장
   중 색상인 채도와 도형을 중심으로 한 장을 뽑습니다.
   상대방(男 & 女)을 보고 싶으시면 ( ) 체크해 주세요.

상대방(男&女)의 심리를 싶으실 때는 그 상대방의 모습이나 이미지를
생각하면서 남은 7장의 카드 중 1장을 뽑으실 겁니다.

   **상대방을 생각하며 두 번째 맘에 드는
   카드 1장을 뽑습니다.**   ( )

3. 상대방 모습 (B)
(男 & 女)

첫 번째 카드 - 현재의 모습 카드 (현재의 상태 해석) 70 - 80%

두 번째 카드 - 미래의 모습 카드 (미래의 상태 단계) 20 - 30%

|응용|
상대방에게 나를 생각하면서 뽑으라고 한다면
상대가 나를 생각하는 마음을 알 수 있습니다.

1) 8장의 카드를 펼칩니다. 무지개색인 빨강, 주황, 노랑, 초록, 청록, 청색, 보라, 마젠트색 8장 중 색상인 채도와 도형을 중심으로 먼저 한 장을 뽑습니다. 상대방(男 & 女)을 보고 싶으시면 ( ) 체크해 주세요.

상대방(男&女)의 심리를 보고 싶으실 때는 그 상대방의 모습이나 이미지를 생각하면서 8장의 카드 중 2장을 뽑으실 겁니다.

먼저 상대방을 생각하며 제일 먼저 맘에 드는
카드 1장을 뽑습니다.   ( )

2) 무지개색인 빨강, 주황, 노랑, 초록, 청록, 청색, 보라, 마젠트색 7장
   중 색상인 채도와 도형을 중심으로 한 장을 뽑습니다.
   상대방(男 & 女)을 보고 싶으시면 ( ) 체크해 주세요.

상대방(男&女)의 심리를 싶으실 때는 그 상대방의 모습이나 이미지를
생각하면서 남은 7장의 카드 중 1장을 뽑으실 겁니다.

**상대방을 생각하며 두 번째 맘에 드는
카드 1장을 뽑습니다.**   ( )

4. 상대방 모습 (C)
(男 & 女)

첫 번째 카드 - 현재의 모습 카드 (현재의 상태 해석) 70 - 80%

두 번째 카드 - 미래의 모습 카드 (미래의 상태 단계) 20 - 30%

|응용|
상대방에게 나를 생각하면서 뽑으라고 한다면
상대가 나를 생각하는 마음을 알 수 있습니다.

1) 8장의 카드를 펼칩니다. 무지개색인 빨강, 주황, 노랑, 초록, 청록, 청색, 보라, 마젠트색 8장 중 색상인 채도와 도형을 중심으로 먼저 한 장을 뽑습니다. 상대방(男 & 女)을 보고 싶으시면 ( ) 체크해 주세요.

상대방(男&女)의 심리를 보고 싶으실 때는 그 상대방의 모습이나 이미지를 생각하면서 8장의 카드 중 2장을 뽑으실 겁니다.

**먼저 상대방을 생각하며 제일 먼저 맘에 드는
카드 1장을 뽑습니다.**   ( )

2) 무지개색인 빨강, 주황, 노랑, 초록, 청록, 청색, 보라, 마젠트색 7장 중 색상인 채도와 도형을 중심으로 한 장을 뽑습니다. 상대방(男 & 女)을 보고 싶으시면 ( ) 체크해 주세요.

(1) (2) (3) (4)

(5) (6) (7) (8)

상대방(男&女)의 심리를 싶으실 때는 그 상대방의 모습이나 이미지를 생각하면서 남은 7장의 카드 중 1장을 뽑으실 겁니다.

**상대방을 생각하며 두 번째 맘에 드는
카드 1장을 뽑습니다.** ( )

II. 응용 이론편

1. 오로라 타로카드 심리 테스트 (T R R)

■ 자신의 심리상태

1) 9장의 카드가 펼쳐져 있습니다. 무지개색인 빨강, 주황, 노랑,
   초록, 청록, 청색, 보라, 마젠트, 핑크색 9장 중 맘에 드는 카드
   3장을 순서대로 선택하실 겁니다.
   먼저 자신의 심리상태를 보고 싶으시면 맘에 드시는 카드를 선
   택하셔서 ( ) 체크해 주세요.

① 자기 자신의 심리를 알고 싶거나 보고 싶을 때는 맘에 드는 컬러나 도형을 유심히 바라보면서 9장의 카드 중 총 3장을 뽑으실 겁니다.

첫 번째 맘에 드는 카드 1장을 먼저 뽑습니다.　　　　　　( )

② 자기 자신의 심리를 알고 싶거나 보고 싶을 때는 맘에 드는 컬러나 도형을 유심히 바라보면서 남은 8장의 카드 중 1장을 뽑으실 겁니다.

두 번째 맘에 드는 카드 1장을 뽑습니다.　　　　　　　　( )

③ 자기 자신의 심리를 알고 싶거나 보고 싶을 때는 맘에 드는 컬러나 도형을 유심히 바라보면서 남은 7장의 카드 중 1장을 뽑으실 겁니다.

세 번째 맘에 드는 카드 1장을 뽑습니다.　　　　　　　　( )

카드는 6장이 남아야 정상입니다.

읽으시는 방법

■ 자신의 심리상태

첫 번째 카드 - DNA 카드 인연의 카드 (개인적인 성향)

두 번째 카드 – 현재의 모습 카드 (현재의 상태 해석) 70 – 80%

세 번째 카드 – 미래의 모습 카드 (미래의 상태 단계) 20 – 30%

좋은 예　　(-)　(+)　(-)

　　　　　　(+)　(-)　(+)

나쁜 예　　(-)　(-)　(-)

　　　　　　(+)　(+)　(+)

(1) 빨간색

- (+) 베이스 차크라, 장 에너지(개혁가)
- 교육자 스타일이다. 안정적이다. 고지식하여 전통적인 것을 추구하고 답습하는 일을 좋아한다. 익숙한 것을 좋아하고, 새로운 도전을 힘들어한다.
- 정확한 스타일의 소유자다. 매사에 실수를 하지 않는다. 완벽추구형이다.
- 흐트러진 것을 병적으로 싫어한다. 정리정돈형이다.
- 몸을 부지런하게 움직여야 목적을 가질 수 있다. 개인주의형이다. 곧고 정확해서 융통성이 부족하다. 위험한 행동을 싫어한다.
- 현재 상태에 빨간색 카드가 나왔다면 무언가에 빠져 있거나 바쁜 상태이다. 실패하는 것을 병적으로 싫어한다.
- 따뜻한, 강한, 참아내는, 활기찬, 결연한, 실용적인, 정열적인, 지도적인, 활동적인, 주도하는, 참여적 관리형, 재무, 총무, 공무원 스타일 등을 나타낸다.

(2) 주황색

- (+) 비장 차크라, 가슴 에너지(조력자)
- 매력적인 스타일이다. 강하면서 부드럽다. 유쾌하다. 하지만 산만하기도 하다.
- 남자일 경우는 외유내강의 스타일이다. 여자인 경우는 보이시한 개성의 소유자이다.
- 현재 상태에 주황색 카드가 나왔다면 일을 시작해서 정리가 안 된 상태이다.
- 쓸데없이 바쁘고 산만하다. 지적이다. 아니, 자기 자신을 똑똑한 줄 알고 있다. 자신이 세상의 중심이다. 회전률이 높아 금방 싫증을 낼 수 있다. 변화와 회전율이 빠른 카드이다.
- 매력적인 사람이다. 처음이 강하고, 마무리는 부족하다. 영업력은 강하다.
- 가슴과 장 에너지 형이다.

(3) 노란색

- (+) 명치 차크라, 가슴 에너지(성취자)
- 이상이 높은 사람이다. 화려함이 잘 어울린다.
- 과거 상태의 노란색 카드는 트라우마를 상징하는 카드이기도 하다.
- 현재 상태의 노란색은 성공한 사람이다.
- 리드하고 싶은 심리의 소유자이기도 하다. 리더이다. 리더이고 싶다. 미적인 감각이 뛰어나니 다른 사람과 생각의 차이가 있을 수 있다.

- 현재 상태의 카드가 노랑이면 앞서 나가는 형태이니 항시 뒤를 돌아봐야 한다.
- 운의 기운은 상승이다. 마음이 솔직하고 담백하다. 직선적이다. 나아가려는 심리가 강하다. 뒤를 돌아보기는 싫다.
- 가벼운, 낙천적인, 명확한, 밝은, 관대한, 용서하는, 행복한 등을 나타낸다.

(4) 초록색

- (-) 심장 차크라, 가슴 에너지(개인주의자)
- 착하다. 순하다. 하지만 게으르다. 속을 드러내는 형이라기보다는 감추는 형이다.
- 주위의 환경에 적응해서 나가려고 한다. 어떨 때는 답답하다.
- 질서를 지키는 모습이다. 자신의 모습을 안정시키다. 안정과 평화를 추구한다.
- 현재 상태의 카드가 초록이면 편안한 상태이다. (+) (-)
- 함정에 빠져 있어서 슬럼프가 오거나 피곤할 수 있다.
- 두뇌를 지나치게 쓸 때 (-) (-)
- 만한 성격의 소유자이다. 좋은 게 좋다. 약간은 우유부단형이다.
- 균형, 효율적인, 체계적인, 공평한, 감사하는, 성실한, 안정된, 조화로운, 보호하는, 자유로운, 만족하는 모습 등을 나타낸다.

(5) 청록색

- (-) 흉선 차크라, 두뇌형(탐구자)
- 자기 자신의 눈치를 본다. 예민하다. 무언가 감추는 느낌이다. 감(feel)이 좋다.
- 뒤를 자주 돌아본다. 너무 빨리 달렸는지, 누가 뒤를 따라 오고 있는지 항상 확인한다.
- 눈치가 빠르다. 속을 드러내지 않는ㅈ다. 상대의 행동이나 말을 경청한 다음 판단하고 행동한다. 전체적으로는 남을 믿는 사람이 아니다. 자존감이 강한 사람이다. 아이큐가 높은 지적인 사람이다.
- 현재 상태에 청록색 카드가 나왔다면 운은 하락형이거나 쉬어가는 형태이다.
- 상상력이 풍부한, 차분한, 변화 가능한, 깨끗한, 예민한, 변화하는, 올라가는, 확실한, 명백한 모습 등을 나타낸다.

(6) 청색

- (-) 갑상선 차크라, 두뇌형 (충실한 사람)
- 잘생겼다. 자존감의 상승이다. 자기 자신이 최고다.
- 속을 알 수 없다. 억압이나 강박감을 노출시키지 않는다. 표현하지 않는 바다와 같다.
- 머리 회전률이 뛰어난 대표적인 기획형이다.
- 정적인 스타일이다. 자기 자신이 똑똑하고 항상 바르다고 생각한다.
- 현재 상태의 카드가 청색이 나왔다면 평화로운 상태이거나 수동적인 상태이다.
- 두뇌를 많이 회전해야 되는 경우이다.
- 평온한, 수동적인, 믿음직한, 의지할 만한, 합쳐진, 수용, 유연한, 기쁜, 걱정 없는 모습 등을 나타낸다.

(7) 보라색

- (-) 제3의 눈 차크라, 두뇌형(열정가)
- 분위기가 부드럽다. 클래식하다. 남자면 여성스럽다. 여성이면 아름답다.
- 보라색은 품위 있는 고상함과 함께 외로움과 슬픔을 느끼게 한다. 중성색인 보라색은 주로 예술성과 신앙심을 자아내며, 푸른 기운이 많은 보라는 장엄함, 위엄 등의 깊은 느낌을 주고, 붉은색 기운이 많은 보라는 여성적, 화려함 등을 나타낸다.
- 심리적으로 보라는 쇼크나 두려움을 해소하고, 불안한 마음을 정화시키는 작용이 있다.
- 현재 상태에 카드가 보라색이 나왔다면 우울증이거나 심리상의 안정을 요구하거나 (-) (-)
- 편안하거나 신분상승 아름다운 꿈을 꿈꾸는 모습 (+) (-)
- 귀중한, 존경할 만한, 직관적인, 인정하는, 드러나는, 아름다운, 자신감 있는, 마음이 트인, 견고한, 감탄스러운 모습 등을 나타낸다.

(8) 마젠트색

- (+) 정수리 차크라, 장 에너지(도전자)
- 예술(art)형에서 자주 볼 수 있다. 개성이 강하고 끼가 넘친다. 진정한 개성의 소유자만이 가능한 일이다.
- 언어도발형이다.

- 우울증이나 저혈압 등을 상징하기도 하며, 예술이나 창조적인 부분도 포함하고 있다.
- 신비하고, 여성적인 부드러움을 강조할 때 많이 사용되는 색이다.
- 심리적으로 자주색이나 마젠트색은 실망감에서 벗어나게 해주며, 억압감으로부터 내적인 영향을 외부적으로 나아갈 수 있는 공격성을 겸비한다. 또한 예술(art)을 겸비하고 있다.
- 현재 상태의 카드가 마젠트색이 나왔다면 화가 났거나 언어로 인한 구설수를 조심해야 된다. (+) (+)
- 공격할 시기, 나아가려는 시기 상승 기운이다. (-) (+)
- 친절한, 지지하는, 사려 깊은, 다행스러운, 동정하는, 성숙한, 사랑하는, 진실한, 도움이 되는, 자연스러운 모습 등을 나타낸다.

(9) 핑크색

- (+) 깨달음 차크라 , 장 에너지(조정자)
- 품위 있는 고상함, 외로움과 슬픔을 나타낸다.
- '행복', '슬픔'. 속을 드러내지 않는 고귀함이 있다.
- 아름다움으로는 뷰티, 미인, 여성, 향기를 대표한다.
- 심리적으로 핑크는 쇼크나 두려움을 해소하는 능력이 떨어진다. 항시 불안한 마음을 정화시켜 주는 누군가를 그리워하는 심리도 있다.
- 현재 상태에 카드가 핑크색이 나왔다면 사랑의 마음 (-) (+)
- 여성에게 바라는 이미지는 '따뜻함', '달콤함', '행복감' 등을 나타낸다.
- 오로라 타로카드는 상징적 언어 표현 보조 매개채로 절충되어 사용될 수 있도록 가능성을 제안하는 심리도구입니다.

색상심리와 도형심리부분의 고유의 파동 에너지가 존재하고 있습니다.
직업과 직무적성은 아래 표를 참조합니다.

▶ 에너지
　가) 가슴(장) 형　　　　　2 - 3 - 4
　나) 두뇌(가슴) 형　　　　5 - 6 - 7
　다) 장(에너지) 형　　　　8 - 9 - 1

가) 가슴(마음) 형　① 나르시스적인 감성.

　　　　　　　　　② 관심, 동의, 자존심, 감정의 흐름.

나) 머리(두뇌) 형　① 불안이나 두려움, 공포의 감정.

　　　　　　　　　② 미래에 대한 가치.

다) 장(에너지) 형　① 분노, 본능과 습관.

　　　　　　　　　② 진지함, 용감함, 객관적, 공격적.

巳	午	未	申

IV 개인주의자	IX 조정자	II 조력자
III 성취자	V 탐구자	VII 열정가
VIII 도전자	I 개혁가	VI 충실한 사람

寅	丑	子	亥

② 조력자	③ 성취자	④ 개인주의자
⑤ 탐구자	⑥ 충실한 사람	⑦ 열정가
⑧ 도전자	⑨ 조정자	① 개혁가

　　장 에너지를 많이 쓰시는 분들은 아랫배가 자주 아프시고, 두뇌 에너지를 많이 쓰시는 분들은 두통과 스트레스를 호소하시는데요.

　　오로라 타로카드는 건강의 상태와도 연관되어 있는 카드입니다.

　　다음은 상대방의 심리 상태를 살펴보는 방법을 살펴보겠습니다.

2. 오로라 타로카드 심리 테스트 (T R R)

▣ 상대방의 심리상태

1) 8장의 카드가 펼쳐져 있습니다. 무지개색인 빨강, 주황, 노랑,
   초록, 청록, 청색, 보라, 마젠트 8장 중 맘에 드는 카드 2장을 순
   서대로 선택하실 겁니다.먼저 상대의 심리상태를 보고 싶으시면
   상대방을 생각하시고 상대방에게 어울릴 것 같은 카드를 선택하
   셔서 ( ) 체크해 주세요.

① 상대방(男&女)의 심리를 보고 싶으실 때는 그 상대방의 모습이나 이미지를 생각하면서 8장의 카드 중 1장을 뽑으실 겁니다.

먼저 상대방을 생각하며 제일 먼저 맘에 드는
카드 1장을 뽑습니다. ( )

② 상대방(男&女)의 심리를 보고 싶으실 때는 그 상대방의 모습이나 이미지를 생각하면서 남은 7장의 카드 중 1장을 뽑으실 겁니다.

상대방을 생각하며 두 번째 맘에 드는
카드 1장을 뽑습니다. ( )

카드는 6장이 남아야 정상입니다.

읽으시는 방법

■ 상대방 모습(男 & 女)

　　첫 번째 카드 - 과거의 모습 카드 (현재의 상태 해석) 50 - 60%

　　두 번째 카드 - 현재의 모습 카드 (미래의 상태 단계) 50 - 40%

　　좋은 예　　　(-)　(+)

　　　　　　　(+)　(-)

　　나쁜 예　　　(-)　(-)

　　　　　　　(+)　(+)

(1) 빨간색

- (+) 베이스 차크라, 장 에너지(개혁가)
- 교육자 스타일이다. 안정적이다. 고지식하여 전통적인 것을 추구하고 답습하는 일을 좋아한다. 익숙한 것을 좋아하고, 새로운 도전을 힘들어한다.
- 정확한 스타일의 소유자다. 매사에 실수를 하지 않는다. 완벽추구형이다.
- 흐트러진 것을 병적으로 싫어한다. 정리정돈형이다.
- 몸을 부지런하게 움직여야 목적을 가질 수 있다. 개인주의형이다. 곧고 정확해서 융통성이 부족하다. 위험한 행동을 싫어한다.
- 현재 상태에 빨간색 카드가 나왔다면 무언가에 빠져 있거나 바쁜 상태이다. 실패하는 것을 병적으로 싫어한다.
- 따뜻한, 강한, 참아내는, 활기찬, 결연한, 실용적인, 정열적인, 지도적인, 활동적인, 주도하는, 참여적 관리형, 재무, 총무, 공무원 스타일 등을 나타낸다.

(2) 주황색

- (+) 비장 차크라, 가슴 에너지(조력자)
- 매력적인 스타일이다. 강하면서 부드럽다. 유쾌하다. 하지만 산만하기도 하다.
- 남자일 경우는 외유내강의 스타일이다. 여자인 경우는 보이시한 개성의 소유자이다.
- 현재 상태에 주황색 카드가 나왔다면 일을 시작해서 정리가 안 된 상태이다.
- 쓸데없이 바쁘고 산만하다. 지적이다. 아니, 자기 자신을 똑똑한 줄 알고 있다. 자신이 세상의 중심이다. 회전률이 높아 금방 싫증을 낼 수 있다. 변화와 회전율이 빠른 카드이다.
- 매력적인 사람이다. 처음이 강하고, 마무리는 부족하다. 영업력은 강하다.
- 가슴과 장 에너지 형이다.

(3) 노란색

- (+) 명치 차크라, 가슴 에너지(성취자)
- 이상이 높은 사람이다. 화려함이 잘 어울린다.
- 과거 상태의 노란색 카드는 트라우마를 상징　현재 상태의 카드가 노랑이면 앞서 나가는 형태이니 항시 뒤를 돌아봐야 한다.
- 운의 기운은 상승이다. 마음이 솔직하고 담백하다. 직선적이다. 나아가려는 심리가 강하다. 뒤를 돌아보기는 싫다.
- 가벼운, 낙천적인, 명확한, 밝은, 관대한, 용서하는, 행복한 등을 나타낸다.

(4) 초록색

- (-) 심장 차크라, 가슴 에너지(개인주의자)
- 착하다. 순하다. 하지만 게으르다. 속을 드러내는 형이라기보다는 감추는 형이다.
- 주위의 환경에 적응해서 나가려고 한다. 어떤 때는 답답하다.
- 질서를 지키는 모습이다. 자신의 모습을 안정시키다. 안정과 평화를 추구한다.
- 현재 상태의 카드가 초록이면 편안한 상태이다. (+) (-)
- 함정에 빠져 있어서 슬럼프가 오거나 피곤할 수 있다.
- 두뇌를 지나치게 쓸 때 (-) (-)
- 만한 성격의 소유자이다. 좋은 게 좋다. 약간은 우유부단형이다.
- 균형, 효율적인, 체계적인, 공평한, 감사하는, 성실한, 안정된, 조화로운, 보호하는, 자유로운, 만족하는 모습 등을 나타낸다.

(5) 청록색

- (-) 흉선 차크라, 두뇌형(탐구자)
- 자기 자신의 눈치를 본다. 예민하다. 무언가 감추는 느낌이다. 감(feel)이 좋다.
- 뒤를 자주 돌아본다. 너무 빨리 달렸는지, 누가 뒤를 따라 오고 있는지 항상 확인한다.
- 눈치가 빠르다. 속을 드러내지 않는다. 상대의 행동이나 말을 경청한 다음 판단하고 행동한다. 전체적으로는 남을 믿는 사람이 아니다. 자존감이 강한 사람이다. 아이큐가 높은 지적인 사람이다.
- 현재 상태에 청록색 카드가 나왔다면 운은 하락형이거나 쉬어가는 형태이다.
- 상상력이 풍부한, 차분한, 변화 가능한, 깨끗한, 예민한, 변화하는, 올라가는, 확실한, 명백한 모습 등을 나타낸다.

(6) 청색

- (-) 갑상선 차크라, 두뇌형(충실한 사람)
- 잘생겼다. 자존감의 상승이다. 자기 자신이 최고다.
- 속을 알 수 없다. 억압이나 강박감을 노출시키지 않는다. 표현하지 않는 바다와 같다.
- 머리 회전률이 뛰어난 대표적인 기획형이다.
- 정적인 스타일이다. 자기 자신이 똑똑하고 항상 바르다고 생각한다.
- 현재 상태의 카드가 청색이 나왔다면 평화로운 상태이거나 수동적인 상태이다.

- 두뇌를 많이 회전해야 되는 경우이다.
- 평온한, 수동적인, 믿음직한, 의지할 만한, 합쳐진, 수용, 유연한, 기쁜, 걱정 없는 모습 등을 나타낸다.

(7) 보라색

- (-) 제 3의 눈 차크라, 두뇌형(열정가)
- 분위기가 부드럽다. 클래식하다. 남자면 여성스럽다. 여성이면 아름답다.
- 보라색은 품위 있는 고상함과 함께 외로움과 슬픔을 느끼게 한다. 중성색인 보라색은 주로 예술성과 신앙심을 자아내며, 푸른 기운이 많은 보라는 장엄함, 위엄 등의 깊은 느낌을 주고, 붉은색 기운이 많은 보라는 여성적, 화려함 등을 나타낸다.
- 심리적으로 보라는 쇼크나 두려움을 해소하고, 불안한 마음을 정화시키는 작용이 있다.
- 현재 상태에 카드가 보라색이 나왔다면 우울증이거나 심리상의 안정을 요구하거나 (-) (-)
- 편안하거나 신분상승 아름다운 꿈을 꿈꾸는 모습 (+) (-)
- 귀중한, 존경할 만한, 직관적인, 인정하는, 드러나는, 아름다운, 자신감 있는, 마음이 트인, 견고한, 감탄스러운 모습 등을 나타낸다.

(8) 마젠트색

- (+) 정수리 차크라, 장 에너지(도전자)
- 예술(art)형에서 자주 볼 수 있다. 개성이 강하고 끼가 넘친다. 진정한 개성의 소유자만이 가능한 일이다.
- 언어도발형이다.
- 우울증이나 저혈압 등을 상징하기도 하며, 예술이나 창조적인 부분도 포함하고 있다.
- 신비하고, 여성적인 부드러움을 강조할 때 많이 사용되는 색이다.
- 심리적으로 자주색이나 마젠트색은 실망감에서 벗어나게 해주며, 억압감으로부터 내적인 영향을 외부적으로 나아갈 수 있는 공격성을 겸비한다. 또한 예술(art)을 겸비하고 있다.
- 현재 상태의 카드가 마젠트색이 나왔다면 화가 났거나 언어로 인한 구설수를 조심

해야 된다. (+) (+)

- 공격할 시기, 나아가려는 시기 상승 기운이다. (-) (+)
- 친절한, 지지하는, 사려 깊은, 다행스러운, 동정하는, 성숙한, 사랑하는, 진실한, 도움이 되는, 자연스러운 모습 등을 나타낸다.

※ 오로라 타로카드를 보는 방법

자신의 심리상태는 9장에서 확인하시고,

상대방의 심리상태는 8장에서 확인해보시면 됩니다.

III. Annear, 9, Grammos, 도형

본인의 심리상태와 직무 적성을 알 수 있습니다.

색채와 도형의 변화가 오로라 타로카드에서

어떻게 변화된 심리를 보는지 확인해 보시면 재미있을 것 같네요.

Tarot Reflection Reading

(TRR)

1) 빨간색(+)   베이스 차크라   장 에너지(개혁가)

2) 주황색(+)   비장 차크라   가슴 에너지(조력자)

3) 노란색 (+)   명치 차크라   가슴 에너지(성취자)

8) 마젠트색 (+)   정수리 차크라   장 에너지(도전자)

9) 핑크색 (+)   깨달음 차크라   장 에너지(조정자)

4) 초록색 (-)   심장 차크라   가슴 에너지(개인주의자)

5) 청록색 (-)   흉선 차크라   두뇌형(탐구자)

6) 청색 (-)   갑상선 차크라   두뇌형 (충실한 사람)

7) 보라색 (-)   제3의 눈 차크라   두뇌형(열정가)

1) 빨간색

(+) 베이스 차크라, 장 에너지(개혁가)

- 교육자 스타일이다. 안정적이다. 고지식하여 전통적인 것을 추구하고 답습하는 일을 좋아한다. 익숙한 것을 좋아하고, 새로운 도전을 힘들어한다.
- 정확한 스타일의 소유자다. 매사에 실수를 하지 않는다. 완벽추구형이다.
- 흐트러진 것을 병적으로 싫어한다. 정리정돈형이다.
- 몸을 부지런하게 움직여야 목적을 가질 수 있다. 개인주의형이다. 곧고 정확해서 융통성이 부족하다. 위험한 행동을 싫어한다.
- 현재 상태에 빨간색 카드가 나왔다면 무언가에 빠져 있거나 바쁜 상태이다. 실패하는 것을 병적으로 싫어한다.
- 따뜻한, 강한, 참아내는, 활기찬, 결연한, 실용적인, 정열적인, 지도적인, 활동적인, 주도하는, 참여적 관리형, 재무, 총무, 공무원 스타일 등을 나타낸다.

변화	이상의 상승	안정	급 하락

이성적임   분위기 전환   제어가 안 되는 에너지   열정과 흥분

2) 주황색

(+) 비장 차크라, 가슴 에너지(조력자)

- 매력적인 스타일이다. 강하면서 부드럽다. 유쾌하다. 하지만 산만하기도 하다.
- 남자일 경우는 외유내강의 스타일이다. 여자인 경우는 보이시한 개성의 소유자이다.
- 현재 상태에 주황색 카드가 나왔다면 일을 시작해서 정리가 안 된 상태이다.
- 쓸데없이 바쁘고 산만하다. 지적이다. 아니, 자기 자신을 똑똑한 줄 알고 있다. 자신이 세상의 중심이다. 회전률이 높아 금방 싫증을 낼 수 있다. 변화와 회전율이 빠른 카드이다.
- 매력적인 사람이다. 처음이 강하고, 마무리는 부족하다. 영업력은 강하다.

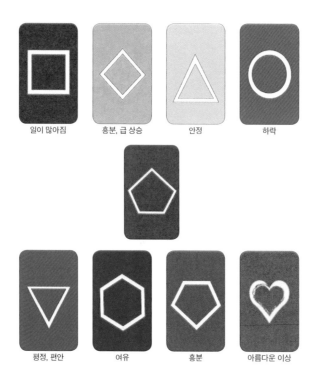

| 일이 많아짐 | 흥분, 급 상승 | 안정 | 하락 |

평정, 편안　　여유　　흥분　　아름다운 이상

3)노란색

(+) 명치 차크라, 가슴 에너지(성취자)

- 이상이 높은 사람이다. 화려함이 잘 어울린다.
- 과거 상태의 노란색 카드는 트라우마를 상징하는 카드이기도 하다.
- 현재 상태의 노란색은 성공한 사람이다.
- 리드하고 싶은 심리의 소유자이기도 하다. 리더이다. 리더이고 싶다. 미적인 감각이 뛰어나니 다른 사람과 생각의 차이가 있을 수 있다.
- 현재 상태의 카드가 노랑이면 앞서 나가는 형태이니 항시 뒤를 돌아봐야 한다.
- 운의 기운은 상승이다. 마음이 솔직하고 담백하다. 직선적이다. 나아가려는 심리가 강하다. 뒤를 돌아보기는 싫다.
- 가벼운, 낙천적인, 명확한, 밝은, 관대한, 용서하는, 행복한 등을 나타낸다.

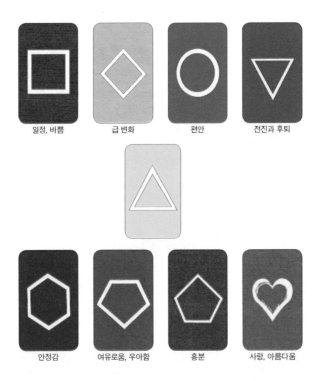

| 일정, 바쁨 | 급 변화 | 편안 | 전진과 후퇴 |

| 안정감 | 여유로움, 우아함 | 흥분 | 사랑, 아름다움 |

4) 초록색

(-) 심장 차크라, 가슴 에너지(개안주의자)

- 착하다. 순하다. 하지만 게으르다. 속을 드러내는 형이라기보다는 감추는 형이다.
- 주위의 환경에 적응해서 나가려고 한다. 어떤 때는 답답하다.
- 질서를 지키는 모습이다. 자신의 모습을 안정시키다. 안정과 평화를 추구한다.
- 현재 상태의 카드가 초록이면 편안한 상태이다. (+) (-)
- 함정에 빠져 있어서 슬럼프가 오거나 피곤할 수 있다.
- 두뇌를 지나치게 쓸 때 (-) (-)
- 만한 성격의 소유자이다. 좋은 게 좋다. 약간은 우유부단형이다.
- 균형, 효율적인, 체계적인, 공평한, 감사하는, 성실한, 안정된, 조화로운, 보호하는, 자유로운, 만족하는 모습 등을 나타낸다.

고정성   일의 분산, 새로운 활력소   이상   눈치
융통성 부족

정적임, 무거움   운의 하락   이상의 표현 표출   여유로움

5) 청록색

(-) 흉선 차크라, 두뇌형(탐구자)

- 자기 자신의 눈치를 본다. 예민하다. 무언가 감추는 느낌이다. 감(feel)이 좋다.
- 뒤를 자주 돌아본다. 너무 빨리 달렸는지, 누가 뒤를 따라 오고 있는지 항상 확인한다.
- 눈치가 빠르다. 속을 드러내지 않는다. 상대의 행동이나 말을 경청한 다음 판단하고 행동한다. 전체적으로는 남을 믿는 사람이 아니다. 자존감이 강한 사람이다. 아이큐가 높은 지적인 사람이다.
- 현재 상태에 청록색 카드가 나왔다면 운은 하락형이거나 쉬어가는 형태이다.
- 상상력이 풍부한, 차분한, 변화 가능한, 깨끗한, 예민한, 변화하는, 올라가는, 확실한, 명백한 모습 등을 나타낸다.

선택, 스타트, 열정 변화, 좌충우돌 운의 상승 눈치 보는, 도전 의식 없음

정적임 우울 도전 소식

6) 청색

(-) 갑상선 차크라, 두뇌형 (충실한 사람)

- 잘생겼다. 자존감의 상승이다. 자기 자신이 최고다.
- 속을 알 수 없다. 억압이나 강박감을 노출시키지 않는다. 표현하지 않는 바다와 같다.
- 머리 회전률이 뛰어난 대표적인 기획형이다.
- 정적인 스타일이다. 자기 자신이 똑똑하고 항상 바르다고 생각한다.
- 현재 상태의 카드가 청색이 나왔다면 평화로운 상태이거나 수동적인 상태이다.
- 두뇌를 많이 회전해야 되는 경우이다.
- 평온한, 수동적인, 믿음직한, 의지할 만한, 합쳐진, 수용, 유연한, 기쁜, 걱정 없는 모습 등을 나타낸다.

| 안정 | 자신감 변화 | 이상 | 속이 깊음 |

| 두려움 눈치 | 속이 깊음 | 도전 | 변화 |

7) 보라색

(-) 제 3의 눈 차크라, 두뇌형(열정가)

- 분위기가 부드럽다. 클래식하다. 남자면 여성스럽다. 여성이면 아름답다.
- 보라색은 품위 있는 고상함과 함께 외로움과 슬픔을 느끼게 한다. 중성색인 보라색은 주로 예술성과 신앙심을 자아내며, 푸른 기운이 많은 보라는 장엄함, 위엄 등의 깊은 느낌을 주고, 붉은색 기운이 많은 보라는 여성적, 화려함 등을 나타낸다.
- 심리적으로 보라는 쇼크나 두려움을 해소하고, 불안한 마음을 정화시키는 작용이 있다.
- 현재 상태에 카드가 보라색이 나왔다면 우울증이거나 심리상의 안정을 요구하거나 (-) (-)
- 편안하거나 신분상승 아름다운 꿈을 꿈꾸는 모습 (+) (-)
- 귀중한, 존경할 만한, 직관적인, 인정하는, 드러나는, 아름다운, 자신감 있는, 마음이 트인, 견고한, 감탄스러운 모습 등을 나타낸다.

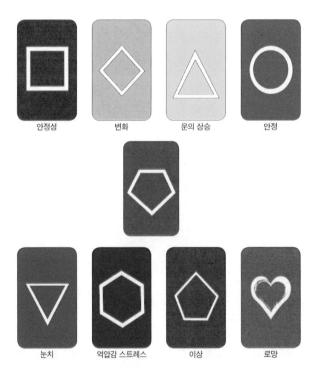

| 안정성 | 변화 | 운의 상승 | 안정 |

| 눈치 | 억압감 스트레스 | 이상 | 로망 |

8) 마젠트색

(+) 정수리 차크라, 장 에너지(도전자)

- 예술(art)형에서 자주 볼 수 있다. 개성이 강하고 끼가 넘친다. 진정한 개성의 소유자만이 가능한 일이다.
- 언어도발형이다.
- 우울증이나 저혈압 등을 상징하기도 하며, 예술이나 창조적인 부분도 포함하고 있다.
- 신비하고, 여성적인 부드러움을 강조할 때 많이 사용되는 색이다.
- 심리적으로 자주색이나 마젠트색은 실망감에서 벗어나게 해주며, 억압감으로부터 내적인 영향을 외부적으로 나아갈 수 있는 공격성을 겸비한다. 또한 예술(art)을 겸비하고 있다.
- 현재 상태의 카드가 마젠트색이 나왔다면 화가 났거나 언어로 인한 구설수를 조심해야 된다. (+) (+)
- 공격할 시기, 나아가려는 시기 상승 기운이다. (-) (+)
- 친절한, 지지하는, 사려 깊은, 다행스러운, 동정하는, 성숙한, 사랑하는, 진실한, 도움이 되는, 자연스러운 모습 등을 나타낸다.

고정성 융통성 부족	새로운 시작	상승, 변화	안정

차가운 이성	눈치 하락	예술 실수	사랑받고 싶은 심리

9) 핑크색

(+) 깨달음 차크라 , 장 에너지(조정자)

- 품위 있는 고상함, 외로움과 슬픔을 나타낸다.
- '행복', '슬픔'. 속을 드러내지 않는 고귀함이 있다.
- 아름다움으로는 뷰티, 미인, 여성, 향기를 대표한다.
- 심리적으로 핑크는 쇼크나 두려움을 해소하는 능력이 떨어진다. 항시 불안한 마음을 정화시켜 주는 누군가를 그리워하는 심리도 있다.
- 현재 상태에 카드가 핑크색이 나왔다면 사랑의 마음 (-) (+)
- 여성에게 바라는 이미지는 '따뜻함', '달콤함', '행복감' 등을 나타낸다.

실속 없이 바빠짐   새로운 변화   이상   안정

눈치   평온함   우울   스트레스

스트레스가 많을 때는 천천히 걷고, 천천히 먹고,

천천히 몸을 움직이며

힘들어도 평온한 마음을 유지시키며

억지로라도 '신나'라고 웃으며 입꼬리를 올린다면

행복의 큐피드는 언제든지 당신에게 다가갈 것이다.

심리·실습편 END

Aurora color card (무료강좌)

http://cafe.daum.net/specialsaju

유천(劉泉) H. 010 - 3190 - 1134

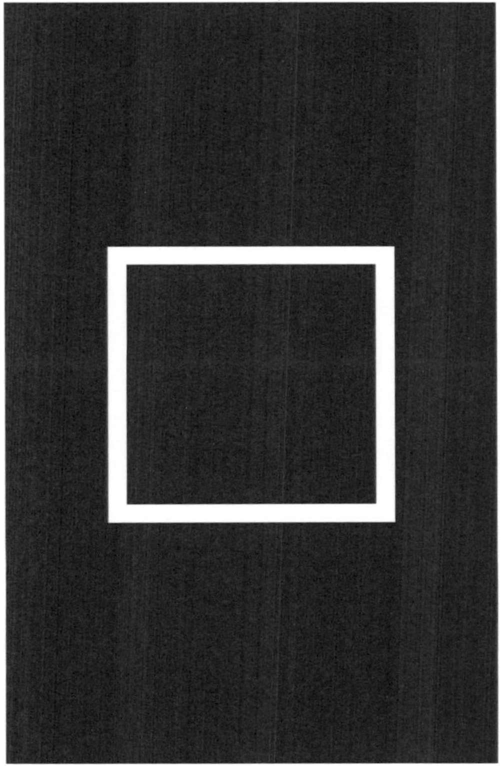

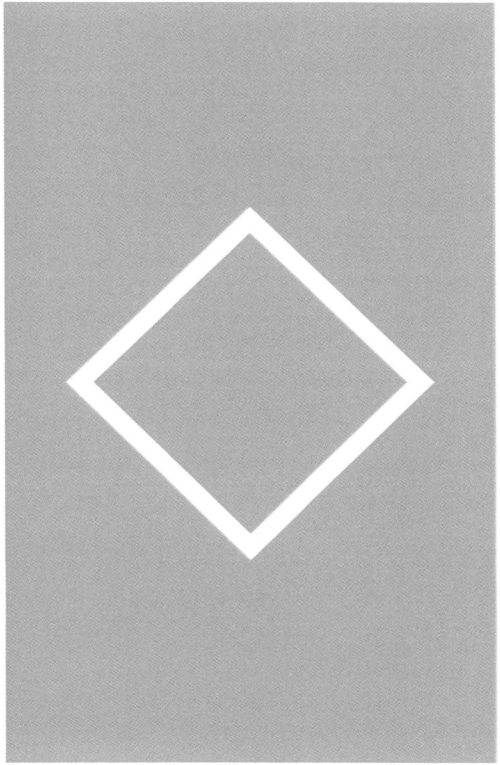

절취선

절취선

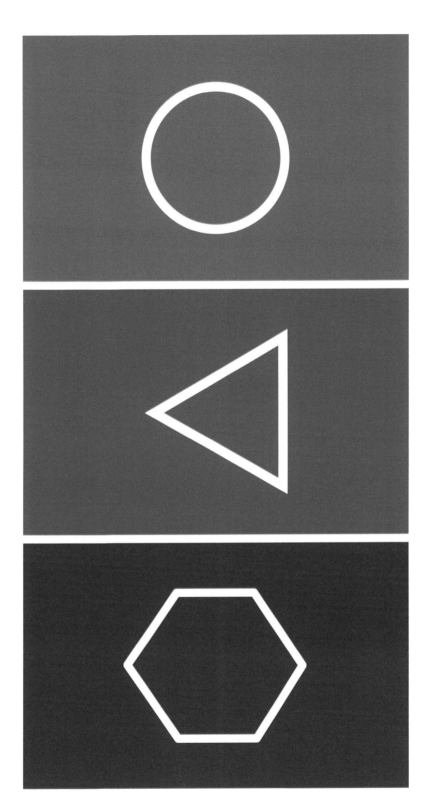

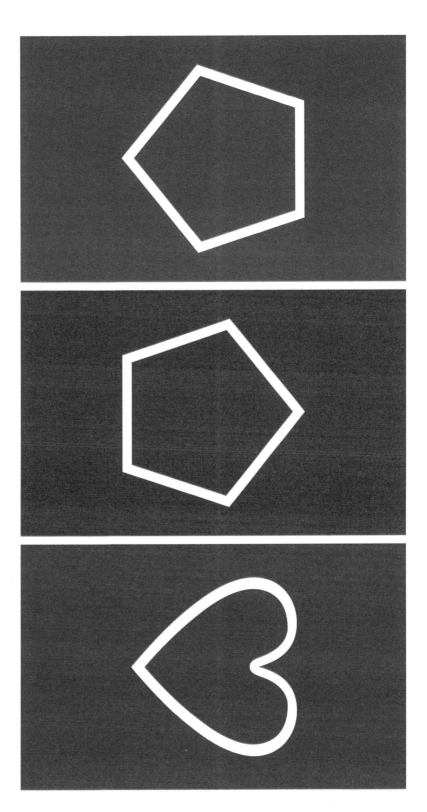